이 책의 목적은

중학교 2학년 수준의 모든 영어 문장을
정확히 해석할 수 있게 되는 것입니다.

난생처음 끝까지보

중학영어

독해비급

왕이 백성을 가난에서 구하는 한 문장

어찌하면 좋겠느냐?
내 목숨이 달렸거늘,
도저히 그 뜻을
알지 못하겠구나.

아버님,
그리하시다면...

이 글을 알아내기 위해
그 어떤 대가도
치르실 수 있사옵니까?

한 달 후에 죽게 생겼거늘
내 무엇을 걸지 못하겠느냐.

......

내 가진 것을
전부 내어줄 수 있다.

하나뿐인 자식인, 저까지도 주실 수 있으십니까?

뭐라?!

그게 무슨 소리냐!

어미도 없이 힘들게 키운 너를 어떻게 생판 모르는 남에게 줄 수 있겠느냐?

가장 귀한 것을 얻으려면 자신에게 가장 귀한 것을 내놔야 합니다.

저 또한 하나뿐인 귀한 아버님을 잃을 순 없사옵니다.

부탁드립니다.

알려만 주신다면, 내일 하루종일 어르신의 집일을 해드리겠습니다.

그래?

그럼 내일 우리 집 뒷간 청소도 싹 해줄 수 있나?

네!

한 달 내에 이 글의 뜻을 알려 주면, **조복양 나리의 미녀 딸**과 **땅 1만 평**을 준다네.

50쪽에서 이야기가 계속됩니다.

그림 **김태형**

머리말

독해가 어려웠던 이유

저는 영어를 많이 못했습니다. 중학생 때 저만 선행학습을 못 해서, 영어는 최하위권이었습니다. 아무리 노력해도 잘할 수 없었습니다. 영어가 정말 싫었지만, 대학교에 가기 위해 꾸역꾸역 공부했습니다.

그런데 입시 학원에서 같이 다녔던 형이 "나는 직독직해를 할 줄 알아서 영어는 대부분 맞아"라고 했습니다. 그 때 처음 '직독직해'라는 말을 들었습니다. '직독직해'란 앞에서부터 차례로 영어를 해석하는 방식을 말합니다. 이 책을 비롯해서 제가 집필한 모든 독해 책은 '직독직해' 방식으로 되어 있습니다.

기존의 '구문독해' 책들은 독해를 어느 정도 할 줄 알아야 볼 수 있습니다. 독해를 하는 방향과 '문법의 원리'만 적혀 있고, 구체적으로 '어떤 말로 해석하는가?'에 대해서는 나와 있지 않습니다. 게다가 해답에는 문장을 통째로 해석해 놔서, 각각의 문법이 어떻게 적용됐는지 알 수 없습니다.

또한, 책에 '문단' 단위로 문제가 있는데, '문장' 해석이 어려운 학생에게 여러 문법이 섞인 '문단' 단위는 더 어렵습니다. 이렇게 '고등학생'과 '성인'을 위한 어려운 책은 많지만, 진짜 중학생을 위한 쉬운 구문독해 책은 찾을 수 없어서 이 책을 집필했습니다.

'영어 왕초보'도 해석할 수 있도록 이끌어 주는 책, 더 쉽고 '구체적인 해석 비법'이 담긴 책을 만들고 싶었습니다. 영어를 못했던 경험 덕분에 초보 입장에서 쉽게 설명할 수 있었습니다.

잘 모르고 해석할 때는 눈을 감고 더듬더듬 길(뜻)을 찾는 느낌이지만, 이 책을 익힌 후에는 눈을 뜨고 길을 보면서 걷는 느낌이 들 것입니다. 영어 때문에 고통 받고 있을 25년 전의 저와 같은 학생들에게 이 책을 바칩니다.

학습 대상

❶ 영어를 읽을 수 있는 초등학교 3학년~중학교 3학년. 초등학교 고학년 때 배우면 가장 효과가 좋습니다. 늦어도 중학교 2학년 때는 봐야 합니다.

❷ 느낌으로 해석하는 게 아니라, 정확한 영어 해석을 하고 싶은 고등학생이나 성인.

❸ 7살~초등학교 2학년은 부모님이나 선생님의 지도 하에 이 책을 익히기 바랍니다. 이 책이 어렵다면 <단단 기초 영어공부 혼자하기>, <2시간에 끝내는 한글영어 발음천사>를 먼저 보세요. 7살 이하는 <아빠표 영어 구구단>을 추천합니다.

무료강의
bit.ly/3ww5fxv

차례

'중학영어 독해비급'의 특징

· 저자 직강 무료 영상강의(bit.ly/3ww5fxv)와 질문답변(miklish.com)으로 혼자서 익힐 수 있습니다.

· 구체적인 해석법으로 간단한 공식에 대입해 해석할 수 있습니다.

· 직독직해 방식으로 앞에서부터 순서대로 해석하므로 한 번만 읽어도 해석이 됩니다.

· 만화와 함께 역사적 배경인 '박연/효종/느부갓네살'의 이야기로 흥미를 자극합니다.

· 핵심 문법 부분만 연습한 뒤 문장 해석으로 넘어가므로 더 쉽게 익힐 수 있습니다.

· 1일 9문장, 1달(30일) 완성으로 부담이 적습니다.

· 7일 마다 '백성을 가난에서 구하는 한 문장' 이야기에서 앞서 배운 문법을 정리하므로 기억에 더 많이 남습니다.

· 큰 글씨로 아이들과 어르신도 보기 편합니다.

· QR코드의 원어민 MP3로 모르는 발음은 바로 들어볼 수 있습니다.

· PUR제본으로 책을 쫙 펼 수 있어서 학습이 편합니다.

〈무료강의〉QR코드 사용법

 휴대폰의 카메라에서 사진을 촬영하듯
← **왼쪽**의 QR코드를 휴대폰 화면에 비추면 접속 가능한 배너가 뜹니다.

중학교 영어 교과서 문장으로 만든 이유

중하위권 학생들에게는 먼저 '학교 수업을 예습'하라고 권합니다. 학교 수업 예습만 해도 반에서 중간 이상은 합니다. 수업 전에 교과서 문장을 몇 번 읽고 단어 뜻을 알면, 학교 수업이 재밌어지고 선생님 설명이 훨씬 잘 들립니다.

중학생 수준에서 가장 먼저 익혀야 할 책은 '영어 교과서'입니다. 교과서의 단원마다 2~4개의 핵심문장이 있는데, 이 책에는 교과서 13종 핵심 문장 698문장 중 283문장을 '문법별'로 담았습니다(찾아보기 p.162). 90%가량은 문장을 그대로 담았고, 나머지는 쉽게 고쳐서 담았습니다. 이 책만 익혀도 중학교 영어 교과서를 예습/복습하는 효과가 있습니다.

해석의 맞고 틀림에 대해

해석에서 '어떤 조사'를 붙이느냐가 정확한 직독직해를 하는 데 중요하지만, 해석의 방향이 옳고 뜻이 어느 정도 통한다면 대부분 맞는 것으로 간주합니다. 예를 들어, 나'는'을 쓰든 내'가'를 쓰든 둘 다 맞습니다. weigh 무게가 나간다, get 생긴다 등은 '목적어(무엇을)'로 '~을'보다는 '~이/가'가 자연스럽지만, '~을'로 해석해도 일단은 맞게 간주합니다. 해석 방법 학습이 주목적이기 때문입니다.

머리말

책의 구성/활용

26~27쪽

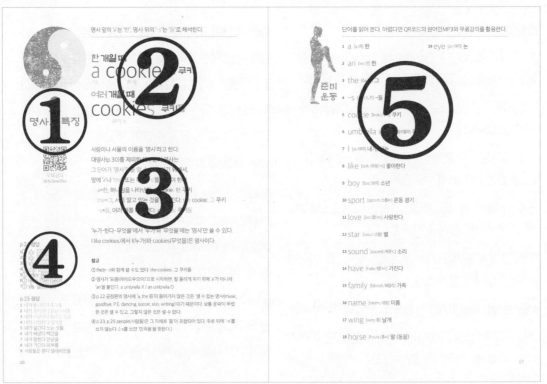

① 한 단원당 4쪽(4단계), '문법-어휘(준비운동)-단어 독해(연습문제)-문장독해(실전문제)'로 되어 있으며, 제목과 QR코드가 있습니다. QR코드에 접속하면 무료 강의로 더 편하게 공부할 수 있습니다.

② 이 단원에서 가장 중요한 내용을 보여줍니다.

③ 자세한 문법 설명입니다. 가능한 문법 용어를 자제하고 쉽게 설명했으며, 중요한 내용은 붉은색이나 파란색, 갈색으로 표시했습니다.

④ 이전 단원의 정답이 있습니다.

⑤ 이 단원에 사용된 영어 단어와 뜻입니다. 이전 단원에서 나왔던 단어는 없을 수도 있습니다. 단어가 어렵다면 QR코드의 <원어민MP3>나 <무료강의>를 활용하면 좋습니다. 연습문제나 실전문제를 풀 때 이 단어를 참고해도 됩니다.

<무료강의> QR코드 사용법

 휴대폰의 카메라에서 사진을 촬영하듯
← 왼쪽의 QR코드를 휴대폰 화면에 비추면
접속 가능한 배너가 뜹니다.

이 책에
6회 이상 수록
108단어

차례

28~29쪽

① ❷의 문제를 풀기 위한 예시입니다

② 주로 '단어 단위'의 해석 문제입니다. 문법에서 익힌 이론의 핵심 부분을 적용해보는 문제가 담겨있습니다. 정답은 주로 두 쪽 뒤의 하단에 있습니다.

꼭 이 책에서 제안하는 방식으로 해석하셔야 독해가 쉬워집니다. 본인에게 편한 방식으로 해석하면, 책의 중반부터 어려워질 수 있습니다.

③ ❹의 문제를 풀기 위한 예시입니다

④ '문장 단위'의 해석 문제입니다. 총 9문장인데 뒤로 갈수록 힌트도 적고 어려워집니다. 문장은 중학교 영어 교과서의 핵심문장에서 선정했습니다(p.162 참고). 어려운 문장은 쉽게 변형해서 수록했기에 문장이 다를 수 있습니다.

정답은 주로 한 쪽 뒤의 하단에 있습니다. 정답을 휴대폰으로 촬영해서 답을 맞춰봐도 좋습니다.

머리말   책의 구성/활용

1 I 내가, 나는
[ai/아이]

2 the 그
[ðə/더]

3 a 한
[ə/어]

4 to ~로
[tu/투]

5 you 네가, 너를
[ju/유]

6 is (한 명/한 개의) 상태이다
[íz/이즈]

7 it 그것이, 그것을
[it/잍(ㅌ)]

8 he 그(남자)가
[hi/히]

9 that 한 문장을, 저, 저것
[ðæ't/댙(ㅌ)]

10 was 상태였다
[wəz/워즈]

11 like 좋아한다
[laik/라잌(ㅋ)]

12 we 우리가
[wi/위]

13 will ~할 것이다
[wíl/윌]

14 in ~안 에서
[in/인]

15 not ~하지 않는다
[nɑ́t/낱(ㅌ)]

16 have 가진다
[hǽv/햅(ㅂ)]

17 who (그) 누구
[hu:/후]

18 my 나의
[mai/마이]

19 people 사람들
[pí:pl/피플]

20 are (너의) 상태이다
[ər/얼]

21 they 그들이
[ðei/데이]

22 she 그녀가
[ʃi:/쉬]

23 am (나의) 상태이다
[ǽm/앰]

24 and 그리고
[ǽnd/앤드]

25 can ~할 수 있다
[kǽn/캔]

26 cook 요리한다
[kuk/쿡(ㅋ)]

27 love 사랑한다
[lʌv/럽(ㅂ)]

28 make 만든다
[meik/메잌(ㅋ)]

29 so 그래서, 아주
[sou:/쏘우]

30 look 보인다
[luk/룩(ㅋ)]

31 me 나를
[mi/미]

32 If ~한다면
[if/이프]

33 her 그녀의, 그녀를
[hər/헐]

34 be 상태이다
[bi/비]

35 enjoy 즐긴다
[indʒɔ́i/인죠이]

36 which (그) 어떤 것
[witʃ/위취]

37 for ~를 위해
[fɔ́:r/폴]

38 him 그(남자)를
[him/힘]

39 of ~의
[əv/업(ㅂ)]

40 want 원한다
[wɔ:nt/원트]

41 happy 행복한
[hǽpi/해피]

42 them 그들을, 그것들을
[ðém/뎀]

43 were 상태였다
[wər/월]

44 this 이, 이것
[ðis/디씨]

45 do 한다
[du/두]

46 know 안다
[nou/노우]

47 by ~에 의해
[bai/바이]

48 get 생긴다
[get/겥(ㅌ)]

49 house 집
[haus/하우씨]

50 play 논다, 연주한다
[plei/플레이]

51 think 생각한다
[θiŋk/띵크]

52 when ~할 때
[wén/웬]

53 at ~의 지점에서
[æt/앹(ㅌ)]

54 cookie 쿠키(과자)
[kúki/쿠키]

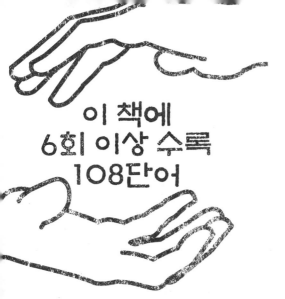

이 책에
6회 이상 수록
108단어

차례

무료강의
bit.ly/3ww5fxv

17

차례

이 책에
6회 이상 수록
108단어

꿈을 이루는 것은
매우 고통스럽고 힘든 과정을 수반한다.
하지만 가능하다.

당신이
얼마나 뒤처져 있는지는
중요하지 않다.

카메룬 출신 UFC 헤비급 챔피언
프란시스 은가누
〈1986 ~ 〉

이 책을 알게 됐으니 금방 따라잡을 겁니다!

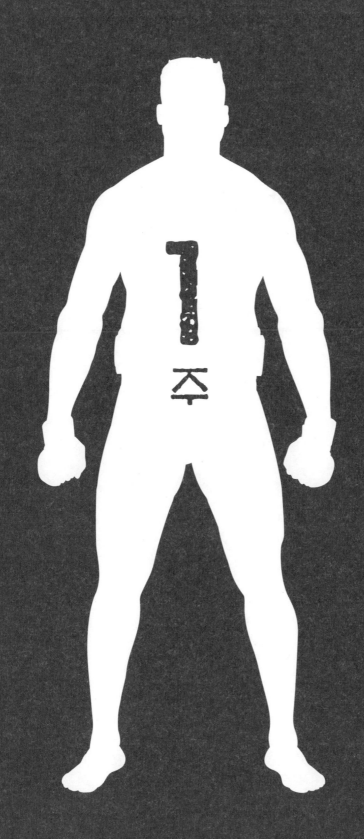

누가	한다	무엇을
I	**like**	**music.**
아이	라잌(ㅋ)	뮤직(ㅋ)
내가	**좋아**한다	**음악을**

1
일반 동사의 긍정문

무료강의
bit.ly/3ww5fxv

영어는 한국어와 달리
단어에 누가-한다-무엇을이 자동으로 붙는다.

첫 단어에는 누'가',
두 번째 단어에는 '한다',
세 번째 단어에는 무엇'을'이 붙는다.

I like music에서,
I에는 내'가',
like에는 좋아'한다',
music에는 음악'을'이 붙는다.

이 책에서 '누가-한다-무엇을'을 쓰는 단원은 붉은색으로 표시했다.

참고

① 모든 동사는 '일반동사'와 'be동사'로 나눌 수 있다. 일반동사는 주로 '움직임'에
   대한 말을 일컫는다. 이 책에서 일반동사는 '한다'로, be동사(p.34)는 '상태이다'
   로 썼다.

② '누가-한다-무엇을' 구조는 영어에서 가장 많이 쓰는 5가지 구조의 문장 중 하
   나로 '3형식 문장'이라고 불린다.

준비운동

단어를 읽어 본다. 어렵다면 QR코드의 강의를 활용한다.

1 I [ai/아이] 내가, 나는

2 like [laik/라잌(ㅋ)] 좋아한다

3 soccer [sa:ker/싸컬] 축구

4 lunch [lʌntʃ/런취] 점심 식사

5 love [lʌv/럽(ㅂ)] 사랑한다

6 dancing [dænsɪŋ/댄씽] 춤추는 것

7 music [mjuːzɪk/뮤직(ㅋ)] 음악

8 writing [raɪtɪŋ/롸이팅] 쓰는 것

9 learn [lɜːrn/럴언] 배운다

10 Taekkyeon 택견 (한국의 전통 무술)
[tækjʌn/택켠]

11 have [haev/햅(ㅂ)] 가진다

12 skin [skɪn/ㅅ킨] 피부

13 say [seɪ/쎄이] 말한다

14 goodbye 안녕 (헤어질 때 쓰는 인사말)
[gùdbái/굳바이]

15 people [píːpl/피플] 사람들

16 watch [waːtʃ/와취] 본다

17 TV [tíːvíː/티비] 텔레비전

문장에서 누가에는 ○, 한다에는 △ , 무엇을에 □를 표시하시오.

연습
문제

① I like music.

금성 최 1학년-1단원 **1** I like soccer.

YBM 송 1-1 **2** I like lunch.

다락원 강 1-1 **3** I love dancing.

동아 윤 1-1 **4** I love music.

능률 양 1-1 **5** I enjoy writing.

천재 이 1-2 **6** I learn Taekkyeon.

다락원 강 1-2 **7** I say goodbye.

뜻을 모르는 단어는 이전 페이지(p.23)를 참고하여 해석하시오.

실전 문제

I like music.
내가 좋아한다 음악을

1 I like soccer.

　　누가　　　　한다　　　　무엇을

2 I like lunch.

　　누가　　　　한다　　　　무엇을

3 I love dancing.

　　누가　　　　한다　　　　무엇을

4 I love music.

　　누가　　　　한다　　　　무엇을

5 I enjoy writing.

　　누가　　　　한다　　　　무엇을

6 I learn Taekkyeon.

　　누가　　　　한다　　　　무엇을

7 I say goodbye.

　　누가　　　　한다　　　　무엇을

8 I have skin.

9 People watch TV.

정답은 한 쪽 뒤, 하단에 있습니다.

명사 앞의 'a'는 '한', 명사 뒤의 '-s'는 '들'로 해석한다.

한 개일 때
a cookie 한 쿠키
어　　　쿠키

여러 개일 때
cookies 쿠키들
쿠키 ㅈ

2
명사의 특징

무료강의
bit.ly/3ww5fxv

사람이나 사물의 이름을 '명사'라고 한다.
대명사(p.30)를 제외한 대부분의 명사는
그 단어가 '명사'임을 알 수 있게 하기 위해서,
앞에 'a'나 'the', 또는 뒤에 '-s'를 붙여야 한다.

　　a=한, 하나임을 나타낸다. a cookie: 한 쿠키

　　the=그, 서로 알고 있는 것을 가리킨다. the cookie: 그 쿠키

　　-s=들, 여러 개를 나타낸다. cookies: 쿠키들

'누가-한다-무엇을'에서 '누가'와 '무엇을'에는 '명사'만 쓸 수 있다.
I like cookies.에서 I(누가)와 cookies(무엇을)은 명사이다.

참고

① the는 -s와 함께 쓸 수도 있다. the cookies: 그 쿠키들

② 명사가 '모음(아어오우으이)'으로 시작하면, 잘 들리게 하기 위해 'a'가 아니라
　 'an'을 붙인다. a umbrella X / an umbrella O

③ p.22(일반동사의 긍정문)의 명사에 'a, the 등'이 들어가지 않은 것은 '셀 수 없는
　 명사(music, goodbye, dancing, soccer, skin, writing)'이기 때문이다. 보통 윤곽
　 이 뚜렷한 것은 셀 수 있고, 그렇지 않은 것은 셀 수 없다.

④ p.23, p.25 people(사람들)은 그 자체로 '들'이 포함되어 있다. 주로 뒤에 '-s'를
　 쓰지 않는다. (peoples는 '민족들'을 뜻한다.)

p.24 정답

1 ① like soccer
2 ① like lunch.
3 ① like dancing.
4 ① love music.
5 ① enjoy writing.
6 ① learn Taekkyeon.
7 ① say goodbye.

p.25 정답

1 내가 좋아한다 축구를
2 내가 좋아한다 점심식사를
3 내가 사랑한다 춤추는 것을
4 내가 사랑한다 음악을
5 내가 즐긴다 쓰는 것을
6 내가 배운다 택견을
7 내가 말한다 안녕을
8 내가 가진다 피부를
9 사람들이 본다 텔레비전을

준비 운동

단어를 읽어 본다. 어렵다면 QR코드의 원어민MP3와 무료강의를 활용한다.

1 a [ə/에] 한

2 an [ən/언] 한

3 the [ðə/더] 그

4 -s [s,z/스,즈] ~들

5 cookie [kʊki/쿠키] 쿠키

6 umbrella [ʌmbréla/엄브렐라] 우산

7 I [ai/아이] 내가, 나는

8 like [laɪk/라잌(ㅋ)] 좋아한다

9 boy [bɔɪ/보이] 소년

10 sport [spɔːrt/스폴트] 운동 경기

11 love [lʌv/럽(ㅂ)] 사랑한다

12 star [staːr/스탈] 별

13 sound [saʊnd/싸운드] 소리

14 have [hæv/햅(ㅂ)] 가진다

15 family [fǽmili/패밀리] 가족

16 name [neɪm/네임] 이름

17 wing [wɪŋ/윙] 날개

18 horse [hɔːrs/홀씨] 말 (동물)

19 eye [aɪ/아이] 눈

연습
문제

a cookie = 한 쿠키

비상 김 1학년-1단원 **1** a boy =

동아 이 1-1 **2** sports =

미래엔 최 1-1 **3** the star =

능률 양 1-1 **4** stars =

천재 정 1-1 **5** the sound =

비상 김 1-1 **6** a family =

금성 최 1-1 **7** a name =

정답은 두 쪽 뒤, 하단에 있습니다.

**실전
문제**

I like cookies.
내가   좋아한다   쿠키들을

1 I like **a** boy.

누가 ____ 한다 ____ 무엇을 ____

2 I like sport**s**.

누가 ____ 한다 ____ 무엇을 ____

3 I like **the** star.

누가 ____ 한다 ____ 무엇을 ____

4 I love star**s**.

누가 ____ 한다 ____ 무엇을 ____

5 I love the sound!

누가 ____ 한다 ____ 무엇을 ^{2단어} ____

6 I have a family!

누가 ____ 한다 ____ 무엇을 ^{2단어} ____

7 I have a name.

누가 ____ 한다 ____ 무엇을 ^{2단어} ____

8 I have wings.

____ ____ ____

9 Horses have eyes.

____ ____ ____

정답은 한 쪽 뒤, 하단에 있습니다.

대명사는 '누가'일 때와 '무엇을'일 때 주로 다른 단어를 쓴다.

3
대명사

무료강의
bit.ly/3ww5fxv

누가 **한다** **무엇을**

You like me.
유 라일(ㅋ) 미
네가 **좋아한다** **나를**

명사(누가/무엇을)를 짧게 쓰려고 명사 대신 '대명사'를 쓴다. 앞서 (p.22~29) '나의 이름'을 대신해서 대명사 I(아이, 내가)를 썼다. '누가-한다-무엇을'을 더 확실하게 하려고, 대명사는 '누가'일 때와 '무엇을'일 때의 형태가 다르다. '나'는 '누가' 위치에서 'I(아이,내가)'를 쓰지만, '무엇을' 위치에서는 'me(미,나를)'를 쓴다. '그(남자)'는 '누가'에서 he(히,그는), '무엇을'에서는 him(힘,그를)을 쓴다. 반면에 you는 '누가'나 '무엇을' 둘 다 you로 쓴다. 표를 참고한다.

앞서 명사임을 알게 해주는 'a'나 'the' 대신에, '누구의 것'인지 알 수 있게 해주는 말로 'my(나의), your(너의)' 등을 쓴다(표를 참고)'

표	**누가** 자리	**무엇을** 자리	**a/the** 자리
나	I 아이 내가	me 미 나를	my 마이 나의
너	you 유 네가	you 유 너를	your 유얼 너의
그	he 히 그가	him 힘 그를	his 히ㅈ 그의
그녀	she 쉬 그녀가	her 헐 그녀를	her 헐 그녀의
그것	it 잍(ㅌ) 그것이	it 잍(ㅌ) 그것을	its 잍ㅊ 그것의
우리	we 위 우리가	us 어ㅆ 우리를	our 아월 우리의
그들	they 데이 그들이	them 뎀 그들을	their 데얼 그들의

참고 'a'나 'the' 대신에 쓸 수 있는 말(=한정사)

that 저, this 이, no 누구도 ~하지 않는다, all 모든, some 약간, any 어떤, 약간의,
other 다른, these 이(것들), those 저(것들), every 모든, 숫자 (one, two, three...),
many 수가 많은, much 양이 많은, a lot of 많은, lots of 많은

단어를 읽어 본다. 어렵다면 QR코드의 원어민MP3와 무료강의를 활용한다.

준비
운동

1 me [mi/미] 나를

2 you [ju/유] 네가, 너를

3 he [hi/히] 그(남자)가, 그는

4 him [him/힘] 그(남자)를

5 she [ʃi/쉬] 그녀가, 그녀는

6 like [laik/라익(ㅋ)] 좋아한다

7 basketball 농구
[bǽskitbɔ̀:l/배스킽벌]

8 has 가진다 (have의 '누가가 3인칭 한 명)
[hǽz/해즈]

9 dog [dɔ:g/덕(ㄱ)] 개 (동물)

10 we [wi/위] 우리가, 우리는

11 practice 연습한다
[prǽktis/프랙티씨]

12 it [it/잍(ㅌ)] 그것을, 그것은

13 her [hər/헐] 그녀의, 그녀를

14 head [hed/헫(ㄷ)] 머리

15 weigh [wei/웨이] 무게가 나간다

16 kilogram 킬로그램 (무게의 단위)
[kí:ləgræ,m/킬러ㄱ램]

17 my [mai/마이] 나의

18 sister [sístər/씨스털] 자매

19 ride [raid/롸이드] 탄다

20 skateboard 스케이트보드
[skéitbɔ̀:rd/스케잍볼드]

21 our [auər/아월] 우리의

22 library [láibrəri/라이브뤄뤼] 도서관

23 many [méni/메니] (수가) 많은

24 book [buk/북(ㅋ)] 책

25 his [hiz/히즈] 그(남자)의

26 father [fɑ́:ðər/파덜] 아버지

27 own [oun/오운] 소유한다

28 them [ðəm/뎀] 그들을

29 they [ðei/데이] 그들이, 그들은

30 want [wɔ:nt/원트] 원한다

31 attention [əténʃən/어텐션] 주목

32 answer [ǽnsər/앤썰] 답한다

33 question [kwéstʃən/쿠에스쳔] 질문

34 know [nou/노우] 안다

35 its [its/잍ㅊ] 그것의

36 name [neim/네임] 이름

연습
문제

she = 그녀가 / 그녀를

천재 이 1-2 1 we = 우리가 / 우리를 / 우리의

「라원 강 1-2 2 they = 그들이 / 그들을 / 그들의

천재 정 1-1 3 my = 내가 / 나를 / 나의

지학사 민 1-6 4 your = 네가 / 너를 / 너의

와이비엠 박 1-2 5 our = 우리가 / 우리를 / 우리의

능률 양 1-1 6 he = 그가 / 그를 / 그의

동아 이 2-2 7 her = 그녀가 / 그녀를 / 그녀의

실전 문제

She likes basketball.
그녀가 좋아한다   농구를

1 She has a dog.

누가   한다   무엇을

2 We practice it.

누가   한다   무엇을

3 My sister rides a skateboard.

누가   한다   무엇을

4 Our library has many books.

누가   한다   무엇을

5 Her head weighs 4.5 kilograms.

누가 2단어   한다   무엇을 2단어

6 His father owns them.

누가 2단어   한다   무엇을

7 They want my attention.

누가   한다   무엇을 2단어

8 We answer your questions.

9 He knows its name.

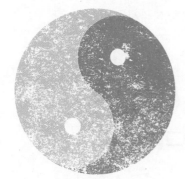

영어 문장의 18%는 누가-상태이다-어떤 순서로 해석한다.

누가 **상태이다** **어떤**

I am Song Hajun.
아이 앰 성 하준

내가 상태이다 송하준인

4
be동사의
긍정문

무료강의
bit.ly/3ww5fxv

영어에서 두 번째로 많이 쓰이는 구조는 '누가-상태이다-어떤'이다. '상태이다'에는 'am, are, is'를 쓰는데, 'am, are, is'의 대표 단어가 be라서 be동사라고 부른다.

'누가'에 따라 쓰는 be동사는 정해져 있다. '나(I)'는 am, '너, 여러명(우리,그들)'은 are, 그 외에 한 명이면(그, 그녀, 그것) 'is'를 쓴다.
I am Song Hajun에서 나(I)를 썼으므로 be동사에 am을 썼다.

be동사(am, are, is)는 바로 뒤에 '상태나 모습'에 관련된 말인 '어떤(Song Hajun)'이 나올 것을 미리 알려준다.

'누가-상태이다-어떤'의 '어떤'에는 앞서 배운 '명사'나 '형용사'가 주로 오는데, '형용사'는 잘생긴, 키큰, 행복한, 느린 등 한국 말에서 주로 'ㄴ받침'으로 끝나는 단어로, 명사의 상태나 모습에 대한 말이다.

참고

① '어떤'에 주로 장소와 관련된 '전치사+명사(p.54)'도 쓸 수 있다.
   I am from Korea.나는 상태이다/ 한국에서부터 (온)

② '누가-상태이다-어떤' 구조의 문장을 '2형식 문장'이라고도 한다.

단어를 읽어 본다. 어렵다면 QR코드의 강의를 활용한다.

준비
운동

1 am [ǽm/앰] (나의) 상태이다

2 Song Hajun 송하준 (사람 이름)
[sɔ́ːŋ hajun/쏭하준]

3 be [bi/비] 상태이다

4 are [ər/얼] (너의) 상태이다

5 is (한 명/한 개의) 상태이다
[íz/이즈]

6 from [frəm/프럼] (출발은) ~로부터

7 Korea [kəríːa/커뤼아] 한국

8 my [mai/마이] 나의

9 friend [frend/프뤤드] 친구

10 this [ðis/디씨] 이, 이것

11 student [stjuːdnt/스튜던트] 학생

12 your [júər/유얼] 너의

13 English [íŋgliʃ/잉글리쉬] 영어

14 teacher [tíːtʃər/티철] 선생님

15 name [neim/네임] 이름

16 Bomi [boumi/버미] 보미 (사람 이름)

17 producer 생산자, 만드는 사람
[prədjúːsər/프러듀쎌]

18 brother [brʌðər/브뤄덜] 형제

19 years old ~살인 (나이)
[jiərz ould/이열ㅈ 오울드]

20 different [dífərənt/디퍼런트] 다른

21 Harbin [hɑ́ːrbín/할빈] 하얼빈

22 city [síti/씨티] 도시

23 Milo 마일로 (사람 이름)
[máiːlou/마일로우]

24 big [big/빅(ㄱ)] 큰

friend = **친구인**

와이비엠 박 1-1 **1** a student =

미래엔 최 1-1 **2** Bomi =

천재 이 1-8 **3** the producer =

천재 이 1-1 **4** my brother =

미래엔 최 1-1 **5** 14 years old =

천재 이 1-1 **6** a teacher =

능률 양 1-8 **7** the city =

실전 문제

This is my friend.
이것이 상태이다   나의 친구인

1 I am a student.

　　　누가　　　상태이다　　　　어떤

2 I am your English teacher.

　　　누가　　　상태이다　　　　어떤

3 My name is Bomi.

　　　　누가　　　　상태이다　　　어떤

4 You are the producer.

　　　누가　　　상태이다　　　어떤

5 This is my brother.

　　　누가　　　상태이다　　　어떤²단어

6 I am 14 years old.

　　　누가　　　상태이다　　　어떤³단어

7 We are different.

　　　누가　　　상태이다　　　어떤

8 Harbin is the city.

9 Milo is big.

조동사(p.70)나 be동사에 not을 붙여 '아니'라고 표현한다.

누가 **상태이다** **어떤**
They are not different
데이   얼   낱   디퍼뤈ㅌ
그들이 상태가 아니다   다른

5
부정문

무료강의
bit.ly/3ww5fxv

영어에서 '아니다'는 not을 붙여 표현한다.
They are different는 '그들은 다르다'인데,
그들은 다르지 '않'다를 표현하기 위해 are뒤에 not을 쓴다.
They are not different. 그들이 상태이 아니다 다른

be동사 뒤에 not을 붙여서 are not으로 썼지만, 그 외의 동사(일반동사)는 동사 앞에 do를 함께 넣어 do not을 쓴다.
I do not have a pet. 내가 가지지 않는다 한 애완동물을

참고 줄여쓰기

① not은 'be동사'나 'do(조동사p.70)'와 붙여서 줄여쓸 수 있다. 이 때 not을 n't로 표현한다.

are not = aren't / is not = isn't

do not = don't / does not = doesn't

② '누가+be동사'도 줄여쓸 수 있다. 이 경우 be동사의 첫 글자 대신 작은 따옴표(')를 쓴다.

I am = I'm / you are = you're

they are = they're / we are = we're

it is = it's / he is = he's / she is = she's

p.36 정답
1 한 학생인
2 보미인
3 그 생산자인
4 나의 남동생(또는 형)인
5 14살인
6 한 선생님인
7 그 도시인

p.37 정답
1 내가 상태이다 한 학생인
2 내가 상태이다 너의 영어 선생님인
3 나의 이름이 상태이다 보미인
4 네가 상태이다 그 생산자인
5 이것이 상태이다 나의 남동생(/형/오빠)인
6 내가 상태이다 14살인
7 우리가 상태이다 다른
8 하얼빈이 상태이다 그 도시인
9 마일로가 상태이다 큰

단어를 읽어 본다. 어렵다면 QR코드의 강의를 활용한다.

준비
운동

1 they [ðei/데이] 그들이, 그들은

2 are [ər/얼] 상태이다

3 not [nɑt/낱(ㅌ)] ~하지 않는다

4 different [dífərənt/디퍼뤈트] 다른

5 do [du/두] ~ 한다

6 does [dəz/더즈] ~ 한다

7 have [hǽv/햅(ㅂ)] 가진다

8 pet [pet/펟(ㅌ)] 애완동물

9 like [laik/라잌(ㅋ)] 좋아한다

10 animal [ǽnəməl/애너멀] 동물

11 math [mæθ/매뜨] 수학

12 young [jʌŋ/영] 젊은

13 it [it/잍(ㅌ)] 그것이, 그것을

14 problem [prɑbləm/프롸블럼] 문제

15 she [ʃiː/쉬] 그녀가

16 good [gud/귿(ㄷ)] 좋은

17 much [mʌtʃ/머취] (양이) 많은, 많음

18 soccer [saːker/싸컬] 축구

19 forget [fərgét/펄겥(ㅌ)] 잊는다

20 meal [miːl/밀] 식사

21 time [taim/타임] 시간

22 science [sáiəns/싸이언씨] 과학

23 class [klæs/클래씨] 수업, 반

24 easy [íːzi/이지] 쉬운

25 student [stjuːdnt/스튜던트] 학생

26 make [meik/메잌(ㅋ)] 만든다

27 noise [nɔiz/노이즈] 소음

연습
문제

I (don't like) animals.

금성 최 1-1 **1** I do not like math.

능률 양 1-6 **2** You are not young.

동아 윤 1-1 **3** It is not a problem.

능률 김 1-1 **4** She is not good.

미래엔 최 1-1 **5** We do not have much.

금성 최 1-1 **6** She does not like soccer.

와이비엠 송 1-2 **7** He does not forget the meal time.

실전 문제 I don't like animals.

내가 **좋아하지 않는다** **동물들을**

1 I don't like math.

누가 　 한다 　 무엇을

2 You're not young.

누가+상태이다 　 어떤

3 It's not a problem.

누가+상태이다 　 어떤

4 She is not good.

누가 　 상태이다 　 어떤

5 We don't have much.

누가 　 한다²단어 　 무엇을

6 She doesn't like soccer.

누가 　 한다²단어 　 무엇을

7 He doesn't forget the meal time.

누가 　 한다²단어 　 무엇을³단어

8 The science class is not easy.

＿＿＿＿＿＿ ＿＿＿＿＿＿ ＿＿＿＿＿＿

9 A student does not make noise.

＿＿＿＿＿＿ ＿＿＿＿＿＿ ＿＿＿＿＿＿

누가 **한다** **무엇을**

I visited Korea.
아이   비지틷(ㄷ)   커뤼아

내가   **방문했다**   **한국을**

6
과거 시제

무료강의
bit.ly/3ww5fxv

과거에 있었던 일은 '한다(동사)'에 ed를 붙여 말한다.
'내가 한국을 방문한다'는 I visit Korea이지만,
'내가 한국을 방문'했'다'는 I visit'ed' Korea이다.

'-ed'를 붙이는 것 대신에 동사를 바꾸면 더 빨리 말할 수 있으므로,
많이 쓰는 동사들은 형태가 달라진다.
'나는 너를 본다'는 I see you이지만,
'나는 너를 '봤'다'는 I 'saw' you이다.
이처럼 see가 saw로 바뀌었다. 자세한 사항은 부록p.170에 있다.

앞서 is not을 isn't로 줄인 것처럼
과거의 be동사(was, were)나 조동사(did)도 not을 줄여쓸 수 있다.

    was not = wasn't / were not = weren't

    did not = didn't

참고 불규칙 동사 변형 20개 빈도순 순서
    have-had 가진다, know-knew 안다, go-went 간다, get-got 생긴다,
    think-thought 생각한다, come-came 온다, say-said 말한다,
    tell-told 말한다, see-saw 본다, make-made 만든다, take-took 가져간다,
    mean-meant 의미한다, give-gave 준다, feel-felt 느낀다,
    hear-heard 듣는다, find-found 찾는다, keep-kept 유지한다,
    leave-left 떠난다, understand-understood 이해한다, run-ran 달린다

p.40 정답
1 I do not like math.
2 You are not young.
3 It is not a problem.
4 She is not good.
5 We do not have much.
6 She does not like soccer.
7 He does not forget the meal time.

p.41 정답
1 내가 좋아하지 않는다 수학을
2 네가 상태가 아니다 젊은
3 그것이 상태가 아니다 한 문제인
4 그녀가 상태가 아니다 좋은
5 우리가 가지지 않는다 많음을
6 그녀가 좋아하지 않는다 축구를
7 그가 잊지 않는다 그 식사 시간을
8 그 과학 수업이 상태가 아니다 쉬운
9 한 학생이 만들지 않는다 소음을

42

단어를 읽어 본다. 어렵다면 QR코드의 원어민MP3와 무료강의를 활용한다.

준비
운동

1 visit [vízit/비짙(ㅌ)] 방문한다

2 Korea [kərí:a/커뤼아] 한국

3 see [si:/씨] 본다

4 saw [sɔ:/써] 봤다

5 was (한 개의) 상태였다
[wəz/워지]

6 were (너/여러 개의) 상태였다
[wər/월]

7 clean [kli:n/클린] 청소한다, 깨끗한

8 house [haus/하우씨] 집

9 left [left/레프트] 떠났다

10 here [hiər/히얼] 여기

11 busy [bízi/비지] 바쁜

12 found [faund/파운드] 찾았다

13 painting [péintiŋ/페인팅] 그림

14 change [tʃeindʒ/췌인쥐] 바꾸다

15 mind [maind/마인드] 마음

16 wrote [rout/로웉(ㅌ)] 썼다

17 travel [trǽvəl/트뢔블] 여행

18 note [nout/노웉(ㅌ)] 기록, 메모

19 nervous [nə́:rvəs/널버ㅅ] 긴장한

20 made [meid/메이드] 만들었다

21 a lot of (수나 양이) 많은
[ə lat əv/어 랕 업(ㅂ)]

22 mistake [mistéik/미ㅅ테익(ㅋ)] 실수

23 money [mʌni/머니] 돈

24 enough [inʌf/이넢(ㅍ)] 충분한

25 sold [sould/쏘울드] 팔았다

26 many [méni/메니] (수가) 많은

27 thing [θiŋ/띵] ~것 (물건)

연습
문제

cleaned = 청소했다

금성 최 3-8 **1** left =

와이비엠 송 1-4 **2** was =

다락원 강 3-2 **3** found =

천재 이 1-8 **4** changed =

지학사 민 1-1 **5** wrote =

동아 윤 1-8 **6** were =

금성 최 1-3 **7** made =

실전 문제

He cleaned the house.
그가   청소했다   그 집을

1 I left here.

누가   한다   무엇을

2 He was busy.

누가   상태이다   어떤

3 He found a painting.

누가   한다   무엇을

4 I changed my mind.

누가   한다   무엇을

5 I wrote my travel notes.

누가   한다   무엇을^{3단어}

6 We were nervous.

누가   상태이다   어떤

7 She made a lot of mistakes.

누가   한다   무엇을^{4단어}

8 The money was not enough.

9 We sold many things.

부사는 명사를 제외한 모든 단어를 꾸밀(강조할) 수 있다.

누가 **한다** **무엇을**
We only have one brother.
위   오운리   햅(ㅂ)   원   브뤄덜
우리가 오직 가진다 하나의 형제를

7
부사

무료강의
bit.ly/3ww5fxv

부사는 주로 '강조하기 위해' 쓴다. 부사 only의 뜻은 '오직'이다. only는 '한다(have)' 앞에 써서 '한다'를 강조했다. 이처럼 부사는 대부분 꾸미는 말 앞에 쓴다. '한다' 앞에 붙을 경우 부사(only)를 동사(한다)로 착각할 수 있으므로 많이 쓰는 부사는 꼭 익혀놔야 한다.

'누가-한다-무엇을' 이후에 부사를 쓸 수도 있다.
He loves baking too. 그도 좋아한다/ (빵) 굽는 것을 (부사:too)
too는 '~도'을 뜻하는데, 의미상 그'도' 좋아한다(loves)로 '한다(love)'를 꾸민다. 이처럼 문장 뒤의 부사는 대부분 '한다'를 꾸민다.

형용사(p.34)는 명사만 꾸미는 반면에, 부사는 명사 외에 모든 말(주로 동사, 형용사, 다른 부사)을 꾸밀 수 있다.
You're so rude. so(부사)는 rude(형용사)를 꾸민다.
She loves chocolate so much. so(부사)는 부사(much)를 꾸민다.

참고 빈도순 부사 20개
not ~하지 않는다, just 단지, so 아주, well 잘, glyphs 글쎄, here 여기, out 밖에, there 거기, up 위 쪽으로, now 지금, really 정말로, back 뒤로, then 그러고 나서, never 절대 ~하지 않는다, too 너무, maybe 아마도, down 아래쪽으로, very 아주, even 심지어, off ~에 떨어져서, please 부탁합니다

p.44 정답
1 떠났다
2 상태였다
3 찾았다
4 바꿨다
5 썼다
6 상태였다
7 만들었다

p.45 정답
1 내가 떠났다 여기를
2 그가 상태였다 바쁜
3 그가 찾았다 한 그림을
4 내가 바꿨다 나의 마음을
5 내가 썼다 나의 여행 기록들을
6 우리가 상태였다 긴장한
7 그녀가 만들었다 많은 실수들을
8 그 돈이 상태가 아니었다 충분한
9 우리가 팔았다 많은 것들을

단어를 읽어 본다. 어렵다면 QR코드의 원어민MP3와 무료강의를 활용한다.

준비
운동

1	only [óunli/오운리] 오직	19	four [fɔːr/포얼] 넷인	

1 only [óunli/오운리] 오직

2 one 하나인, 한 개, 한 사람
[wʌn/원]

3 baking 굽는 것
[béikiŋ/베이킹]

4 too [tu:/투] ~도

5 so [sou:/쏘우] 아주

6 rude [ru:d/루드] 무례한

7 chocolate 초콜릿
[tʃɔ́:kələt/춰컬럳(ㅌ)]

8 much [mʌtʃ/머취] 많이, (양이) 많은

9 already [ɔ:lrédi/얼뤠디] 이미

10 sketch [sketʃ/스켈취] 스케치

11 travel [trǽvəl/트뢔블] 여행(한다)

12 meter 미터 (길이의 단위)
[mí:tər/미털]

13 just [dʒʌst/줘스트] 단지

14 take [teik/테잌(ㅋ)] 가져간다

15 care [kɛər/케얼] 돌본다, 돌보는 것

16 eagle [í:gl/이글] 독수리

17 really [rí:əli/리얼리] 정말로

18 big [big/빅(ㄱ)] 큰

19 four [fɔːr/포얼] 넷인

20 years old ~살 만큼 나이든
[jiərz ould/이열ㅈ 오울드]

21 ice cream 아이스크림
[áis krì:m/아이ㅅ크륌]

22 very [véri/베뤼] 아주

23 play [plei/플레이] 논다, 연주한다

24 guitar [gitɑ́:r/기탈] 기타

25 well [wel/웰] 잘

26 tourist [túərist/투어뤼ㅅㅌ] 여행객

27 eat [i:t/잍(ㅌ)] 먹는다

28 traditional 전통의
[trədíʃənl/트뤄디셔널]

29 food [fu:d/푸드] 음식

30 also [ɔ́:lsou/얼쏘우] 또한

31 kept [kept/켚ㅌ] 유지했다

32 rat [ræt/뢭(ㅌ)] 큰 쥐

33 away [əwéi/어웨이] 멀리

34 sometimes 때때로
[sʌ̀mtáimz/썸타임ㅈ]

35 sing [siŋ/씽] 노래한다

36 song [sɔ́:ŋ/쏭] 곡

연습
문제

already = 이미

지학사 민 1-6 **1** only =

능률 양 1-7 **2** just =

동아 이 1-3 **3** really =

미래엔 최 1-1 **4** very =

미래엔 최 1-1 **5** much =

천재 이 1-11 **6** well =

능률 김 1-2 **7** here =

실전 문제

We already have a sketch.

우리가   이미   가진다 한 스케치를

1 It only travels 1.5 meters.

누가   부사+한다   무엇을

2 We just take good care.

누가   부사+한다   무엇을

3 Eagles have really big eyes.

누가   한다   부사+무엇을

4 She was only four years old.

누가   상태이다   부사+어떤

5 I love ice cream very much.

누가   한다   무엇을²단어   부사²단어

6 You play the guitar very well.

누가   한다   무엇을²단어   부사²단어

7 Tourists eat traditional food here.

누가   한다   무엇을²단어   부사

8 It also kept rats away.

_____

9 We sometimes sing English songs together.

_____

정답은 다섯 쪽 뒤에 있습니다. (p.54)

왕이 백성을 가난에서 구하는 한 문장

1 king 왕
[kiŋ/킹]

2 name 이름
[neim/네임]

3 Nebuchadnezzar
[nèbjukədnézər/네뷰컨네절]
느부갓네살 왕

4 wise 지혜로운
[waiz/와이ㅈ]

5 rule 다스리다
[ru:l/룰]

6 land 땅
[lænd/랜ㄷ]

7 really 정말로
[rí:əli/뤼얼리]

8 big 큰
[big/빅(ㄱ)]

9 but 그러나
[bət/벝(ㅌ)]

10 most 대부분의
[moust/모우ㅅㅌ]

11 people 사람들
[pí:pl/피플]

12 rich 부자인
[ritʃ/뤼취]

13 hungry 배고픈
[hʌŋgri/헝ㄱ뤼]

14 its 그것의
[its/잍츠]

15 cause 이유
[kɔ:z/커ㅈ]

16 so 그래서, 아주
[sou:/쏘우]

17 had 가졌다
[hæd/핻(ㄷ)]

18 many (수가) 많은
[méni/메니]

19 counsellor 조언자
[káunsələr/카운쓸럴]

20 argument 논쟁
[ɑ́:rgjumənt/알규먼ㅌ]

21 last 지속한다
[læst/래ㅅㅌ]

22 all night 밤새
[ɔ:l nait/얼 나잍(ㅌ)]

23 long 긴, 길게
[lɔ:ŋ/렁]

A king's name was Nebuchadnezzar.^{관련 단원: 2/4/6} He was wise.[3/4/6] He ruled a land.[1/6] The land was really big.[4/6/7] But most people weren't rich.[5/6] They were hungry.[4/6] The king didn't know its cause.[3/5/6] The king loved the people so much.[6/7] He had many counsellors.[6] They had arguments.[6] The arguments lasted all night long.[6/7]

노력하지 않고
강해질 수 있다면
내가 가장 배우고 싶다.

공부도 마찬가지다.
사람의 무능은 죄다.
왜 공부하지 않는가!

극진 가라데 창시자

최배달

〈1923 ~ 1994〉

노력하지 않고 영어를 잘하는 방법은 없습니다!

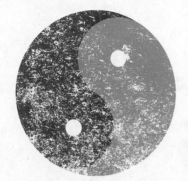

8
전치사

무료강의
bit.ly/3ww5fxv

'전치사+명사'를 하나의 덩어리로 여긴다.

누가 **한다** **무엇을** **전치사+명사**
We added magnets to the back.
위   애딛   매그닡츠   투 더   백(ㄱ)

우리는 더했다   자석들을   그 뒷면에.

누가(we)-한다(added)-무엇을(magnets) 이후에 명사(the back)를 쓰고 싶어서 the back을 연결하는 전치사(to)를 썼다.
이처럼 영어 문장('누가-한다-무엇을'이나 '누가-상태이다-어떤') 이후에 명사(the back)를 더 쓰려면 명사 앞에 '전치사(to)'를 함께 써야 한다. 그래서 '전치사+명사'를 하나의 덩어리로 여겨야 한다.

I'm Judy from Australia. 나는 주디이다/ 호주로부터(에서 온).
마찬가지로 누가(I)-상태이다(am)-어떤(Judy) 이후에 명사(Australia)를 쓰고 싶어서 Australia를 연결하는 from을 쓴 것이다.
from Australia 호주로부터(/에서 온).

영어 문장의 대부분은 '누가-한다-무엇을'이지만, '무엇을'이 필요 없는 '한다(동사)'도 있다(go, come, happen, work, wait, listen, live, run, lie, matter, die, walk, sit 등) 이 동사를 '자동사'라고 하는데, 뒤에 '무엇을'이 없이 바로 '전치사+명사'를 쓴다.

전치사는 약 30개로 가능한 모두 익히는 게 좋다.
about ~에 대해, for ~를 위해, in ~안에서, of ~의, at ~의 지점에서, on ~에 접촉해서, with ~과 함께, from (출발은) ~로부터, to (도착은) ~에, as ~로서, over ~위에, by ~에 의해, into ~의 안쪽으로, around ~의 주위에, through ~을 통해, since ~이래로, without ~없이, between ~사이에, under ~아래에, against ~에 반대해서, behind ~뒤에, inside ~안에, along ~를 따라, except ~를 제외하고, across ~를 건너, during ~동안

**준비
운동**

단어를 읽어 본다. 어렵다면 QR코드의 원어민MP3와 무료강의를 활용한다.

1 together [təgéðər/투게덜] 함께

2 add [æd/앧(ㄷ)] 더하다

3 magnet [mǽgnit/매ㄱ닡(ㅌ)] 자석

4 to [tu/투] (도착은) ~에, ~로

5 back [bæk/백(ㅋ)] 뒷면, 뒤로

6 Judy [dʒúːdi/쥬디] 주디 (여자 이름)

7 Australia 호주
[ɔstréiljə/어ㅅ트뤠일리어]

8 in [in/인] ~ 안에

9 class [klæs/클래씨] 반, 수업

10 heard [həːrd/헐ㄷ] 들었다

11 cry [krai/ㅋ롸이] 운다

12 from [frəm/프럼] (출발은) ~로부터

13 tree [triː/트뤼] 나무

14 say [sei/쎄이] 말한다

15 hello 안부, 안녕 (만났을 때 쓰는 인사)
[helóu/헬로우]

16 answer [ǽnsər/앤썰] 대답(한다)

17 about ~에 대해
[əbáut/어바웉(ㅌ)]

18 fish [fiʃ/피쉬] 물고기

19 cook [kuk/쿡(ㅋ)] 요리한다

20 pizza [píːtsa/핕짜] 피자

21 for [fər/폴] ~를 위해

22 work [wəːrk/월ㅋ] 일하다

23 at [æt/앹(ㅌ)] ~의 지점에서

24 school [skuːl/ㅅ쿨] 학교

25 morning [mɔ́ːrniŋ/몰닝] 아침

26 fan [fæn/팬] 팬 (특정인을 좋아하는 사람)

27 Messi 메시 (아르헨티나의 축구 선수)
[mesi/메씨]

28 of [əv/업(ㅂ)] ~의

29 dad [dæd/댇(ㄷ)] 아빠

30 us [əs/어씨] 우리를

31 on [ən/온] ~에 접촉해서

32 Sunday [sʌndei/썬데이] 일요일

33 go [gou/고우] 간다

34 farm [faːrm/퐒] 농장

35 weekend 주말 (토요일과 일요일)
[wikénd/위켄ㄷ]

36 with [wíð, wiθ/윋] ~과 함께

in this class
= 이반 안에서

비상 김 1-3 **1** from a tree =

천재 이 1-3 **2** to her =

지학사 민 1-6 **3** about fish =

능률 양 1-3 **4** for lunch =

와이비엠 박 1-1 **5** at the school =

미래엔 최 1-3 **6** in the morning =

능률 김 1-1 **7** of Messi =

뜻을 모르는 단어는 이전 페이지(p.55)를 참고하여 해석하시오.

**실전
문제**

I like a boy in this class.

내가 좋아한다 한 소년을   이 반 안에서

1 He heard a cry from a tree.

　　누가　　　한다　　　무엇을　　　전치사+명사

2 Many people say hello to her.

　　　누가　　　　한다　　무엇을　　전치사+명사

3 We answer your questions about fish.

　　누가　　한다　　　무엇을　　　전치사+명사

4 Mom cooked pizza for lunch.

　　누가　　　한다　　　무엇을　　　전치사+명사

5 I work at the school.

　　누가　　　한다　　　전치사+명사³단어

6 He has a big meal in the morning.

　　누가　　한다　　　무엇을³　　전치사+명사³

7 I'm a fan of Messi.

　　누가+상태이다　　　어떤²　　　전치사+명사²

8 Dad cooks it for us on Sundays.

9 I go to the farm on weekends with my family.

'한다+ing'는 '~하는 중인'을 뜻한다.

9
현재진행

무료강의
bit.ly/3ww5fxv

누가 **상태이다** **어떤** **무엇을**

I am cooking pork.
아이 앰 쿠킹 폴크

내가 상태이다 요리하는 중인 돼지고기를

요리한다(cook)는 재료(돼지, pork)를 먹으려는 상태로 만드는 것을 뜻한다. 재료를 그 상태로 만들면 '요리를 한 것(cook)'이고, 그 상태가 되기 전까지는 '요리하는 중인(cooking)' 것이다.

'하고 있는 중이다'는 '잠깐' 동안의 '상태'를 말하는 것이므로, be동사를 써서 '누가-상태이다-어떤'의 '어떤' 부분에 한다+ing를 쓴다. cook은 '요리한다'이고, cooking은 '요리하는 중인'을 뜻한다.

I cook. 나는 요리한다. (누가-한다)

I'm cooking. 나는 상태이다/ 요리하는 중인. (누가-상태이다-어떤)

'무엇을' 요리하는지 궁금해지므로, 뒤에는 주로 '무엇을(pork, 돼지고기)'이 같이 나온다.

I cook pork. 나는 요리한다 돼지고기를

I'm cooking pork. 나는 상태이다 요리하는 중인 돼지고기를.

p.56 정답
1 한 나무로부터
2 그녀에게
3 물고기들에 대해
4 점심식사를 위해
5 그 학교의 지점에서
6 그 아침 안에서
7 메시의

p.57 정답
1 그가 들었다 한 울음을 한 나무로부터
2 많은 사람들이 말한다 안녕을 그녀에게
3 우리가 대답한다 너의 질문들을(/질문들에) 물고기들에 대해 (참고: 물고기 한 마리 a fish, 물고기들 fish)
4 엄마가 요리했다 피자를 점심식사를 위해
5 내가 일한다 그 학교의 지점에서
6 그가 가진다 한 큰(/많은) 식사를 그 아침 안에
7 내가 상태이다 한 팬인 메시의
8 아빠는 요리한다 그것을 우리를 위해 일요일들에 접촉해서
9 내가 간다 그 농장에 주말들에 접촉해서 나의 가족과 함께

준비
운동

단어를 읽어 본다. 어렵다면 QR코드의 강의를 활용한다.

1 cook [kuk/쿡(ㅋ)] 요리한다

2 cooking 요리하는 중인
[kúkiŋ/쿠킹]

3 pork [pɔːrk/폴ㅋ] 돼지고기

4 stand [stænd/스탠드] 서 있다

5 meerkat 미어캣(동물)
[míərkæt/미얼캩(ㅌ)]

6 enjoy [indʒɔ́i/인죠이] 즐긴다

7 trip [trip/트륖(ㅍ)] 여행(한다)

8 plant [plænt/플랜트] 심는다, 식물

9 carrot [kǽrət/캐뤹(ㅌ)] 당근

10 seed [siːd/씨드] 씨앗

11 copy [kάpi/카피] 복사한다

12 sketch 스케치 (대략 그린 그림)
[sketʃ/스켙취]

13 play [plei/플레이] 논다, 경기한다

14 cricket 크리켓(운동경기)
[kríkit/크리킽(ㅌ)]

15 now [nau/나우] 지금

16 ride [raid/롸이드] 타다

17 bike 자전거, 오토바이
[baik/바익(ㅋ)]

18 park [paːrk/팔ㅋ] 공원

19 man [mæn/맨] (어른인) 남자

20 carry [kǽri/캐뤼] 나른다

21 chair [tʃɛər/췌얼] 의자

22 line [lain/라인] 선

23 in line [in lain/인 라인] 줄서서

24 head [hed/헤(ㄷ)] 향한다, 머리

25 house [haus/하우씨] 집

26 king [kiŋ/킹] 왕

27 walk [wɔːk/웙(ㅋ)] 걷는다

28 garden [gάːrdn/갈튼] 정원

standing = 서 있는 중인

능률 김 1-2 **1** enjoying =

천재 정 1 2 **2** planting =

미래엔 최 1-2 **3** copying =

동아 윤 1-2 **4** playing =

비상 김 1-2 **5** riding =

천재 이 1-4 **6** carrying =

금성 최 1 **7** heading =

**실전
문제**

A meerkat is standing.

한   미어캣이   상태이다   서있는 중인

1   I'm enjoying my trip to Korea.

   누가+상태이다   어떤   무엇을   전치사+명사

2   I'm planting carrot seeds.

   누가+상태이다   어떤   무엇을

3   He is copying the sketch.

   누가   상태이다   어떤   무엇을

4   We are playing cricket now.

    누가   상태이다   어떤

      무엇을   부사

5   She is riding a bike in the park.

   누가   상태이다   어떤

    무엇을²단어   전치사+명사³단어

6   A man is carrying a chair.

   누가²   상태이다   어떤   무엇을²

7   People are standing in line.

   누가   상태이다   어떤   전치사+명사²

8   We are heading for her house.

9   The king was walking in the garden.

'한다+ed'는 '한다' 외의 자리에서 '~되어진'을 뜻한다.

누가 상태이다 어떤

Spain is loved.

스페인   이즈   러브드

스페인은   상태이다   사랑받아진

10
수동태

무료강의
bit.ly/3ww5fxv

p.60 정답
1 즐기는 중인
2 심는 중인
3 복사하는 중인
4 경기하는 중인
5 타는 중인
6 나르는 중인
7 향하는 중인

p.61 정답
1 내가 상태이다 즐기는 중인 나의 여행을 한국으로
2 내가 상태이다 심는 중인 당근 씨앗들을
3 그가 상태이다 복사하는 중인 그 스케치를
4 우리가 상태이다 경기하는 중인 크리켓을 지금
5 그녀가 상태이다 타는 중인 한 자전거를 그 공원 안에서
6 한 남자가 상태이다 나르는 중인 한 의자를
7 사람들이 상태이다 서있는 중인 줄 서서.
8 우리가 상태이다 향하는 중인 그녀의 집을 위해
9 그 왕이 상태였다 걷는 중인 그 정원 안에서

앞서 '한다+ed'는 '과거에 했다'를 뜻한다고 했으나, '누가-상태이다-어떤'에서 '어떤'에 '한다+ed'를 쓰면 '~되어진, ~받아진'을 의미한다. 다시 말해 love는 '사랑한다'이지만, 'loved'는 사랑'했다(동사일 때)' 또는 사랑'되어진(형용사일 때)'이다.

'나는 스페인을 사랑한다'는 I love Spain지만, 스페인의 입장에서는 어떤 행동도 하지 않았다. 단지 사랑을 받는 '상태'이므로 be동사를 써서 표현한다. '누가(Spain)-상태이다(is)-사랑받은(loved)'에서 '누가(스페인)'는 수동적으로 당하므로, '수동태'라고 한다.

'누구에 의해' 당하는지(사랑받는 지) 말할 때는 주로 'by'를 써서 표현한다.
Spain is loved by tourists. 스페인은 사랑 받아진다 여행자들에 의해

참고 '한다+ed'는 '한다'의 자리 외에 쓰이면(형용사 자리) 항상 '당함'을 나타낸다. be동사가 없어도 '당함'을 나타낸다.
I saw a loved man. 내가 봤다 한 사랑 받아진 남자를
I saw a man loved in Spain. 내가 봤다 한 남자를 스페인에서 사랑 받아진.

단어를 읽어 본다. 어렵다면 QR코드의 강의를 활용한다.

준비
운동

1 Spain [spein/ㅅ페인] 스페인 (국가)

2 love [lʌv/럽(ㅂ)] 사랑한다

3 loved [lʌvd/럽(ㅂ)드] 사랑받아진

4 by [bai/바이] ~에 의해

5 tourist [túərist/투어뤼ㅅㅌ] 여행객

6 shock [ʃak/샄(ㅋ)] 충격을 준다

7 shocked [ʃakt/샼ㅌ] 충격받아진

8 The Beatles 비틀즈 (영국의 밴드)
[ðə bíːtlz/더 비틀ㅈ]

9 this [ðis/디씨] 이, 이것

10 made [meid/메이드] 만들어진

11 create [kriéit/ㅋ뤼에잍(ㅌ)] 창조하다

12 Picasso 피카소 (미술가)
[pikάːsou/피카쏘우]

13 cheese [tʃiːz/취지] 치즈

14 eaten [íːtn/이튼] 먹혀진

15 mouse [maus/마우씨] 쥐

16 surround 둘러싸다
[səráund/써롸운드]

17 many [méni/메니] (수가) 많은

18 wrap [ræp/뢮(ㅍ)] 포장한다

19 at all [æt ɔːl/앹 얼] 전혀

20 Namaste 나마스테 (인도의 인사말)
[nάːməstèi/나머ㅅ테이]

21 use [juːz/유지] 사용하다

22 Indian 인도의, 인도사람
[índiən/인디언]

23 number [nʌmbər/넘벌] 숫자

24 determine 결정한다
[ditə́ːrmin/디털민]

25 player [pléiər/플레이얼] 경기자

26 waste [weist/웨이ㅅㅌ] 쓰레기

27 turn [təːrn/털언] 돈다, 바꾼다

28 into [intu/인투] ~의 안쪽으로

29 turn into ~으로 바뀐다
[təːrn intu/털언 인투]

30 food [fuːd/푸드] 음식

다음 단어를 '수동'의 뜻(~되어진, ~받아진)으로 해석하시오.

shocked = 충격 받아진

연습
문제

동아 윤 2-3   **1** made =

능률 양 2-2   **2** created =

다락원 강 1-6   **3** surrounded =

지학사 민 2-5   **4** eaten =

천재 정 2-6   **5** wrapped =

천재 이 2-9   **6** used =

와이비엠 송 2-5   **7** determined =

뜻을 모르는 단어는 이전 페이지(p.63)를 참고하여 해석하시오.

실전
문제

She was shocked.
그녀가   상태였다   충격받아진

1 The Beatles were loved.

    누가   상태이다   어떤

2 This was made by him.

    누가   상태이다   어떤   전치사+명사

3 It was created by Picasso.

    누가   상태이다   어떤   전치사+명사

4 The cheese was eaten by a mouse.

    누가   상태이다   어떤   전치사+명사

5 She was surrounded by many people.

    누가   상태이다   어떤   전치사+명사[3]

6 They were not wrapped at all.

    누가   상태이다   어떤   전치사+명사[2]

7 Namaste is used by Indian people.

    누가   상태이다   어떤   전치사+명사[3]

8 The numbers were determined by the players.

9 The waste is turned into food.

'한다+ing'는 명사 자리에서 '~하는 것'을 뜻한다.

I enjoy writing.

아이   인죠이   라이팅

내가 즐긴다   쓰는 것을

11
동명사

무료강의
bit.ly/3ww5fxv

write(쓴다)에 '-ing'를 붙인 writing은, 명사 자리에서는 '쓰는 것'을 의미하고, 그 외(형용사 자리)에는 '쓰는 중인'을 뜻한다.
이처럼 '한다+ing'를 명사 자리에 쓰면 '~하는 중인'이 아니라 '~하는 것'을 의미한다.

주제문의 I enjoy writing은 누가(I)-한다(enjoy)-무엇을(writing)이다. 여기에서 '누가'와 '무엇을'은 명사만 써야하므로 writing은 '쓰는 것'을 뜻한다.

'한다+ing'는 동사를 변형시켜 쓰는 명사이므로 '동명사'라고 한다.

전치사 바로 뒤에도 명사만 쓰므로, '한다+ing'는 '~하는 것을' 뜻한다.
I study English by writing alphabets.
내가 공부한다 영어를 쓰는 것에 의해 알파벳들을

참고 e로 끝나는 동사는 e를 빼고 ing를 붙인다.

bake ⇨ baking / write ⇨ writing / take ⇨ taking / make ⇨ making

p.64 정답

1 만들어진
2 창조되어진
3 둘러싸여진
4 먹혀진
5 포장된
6 사용된
7 결정된

p.65 정답

1 비틀즈가 상태였다 사랑받아진
2 이것이 상태였다 만들어진 그에 의해
3 그것이 상태였다 창조되어진 피카소에 의해
4 그 치즈가 상태였다 먹혀진 한 쥐에 의해
5 그녀가 상태였다 둘러싸여진 많은 사람들에 의해
6 그들이 상태가 아니었다 포장된 전혀
7 나마스테가 상태이다 사용된 인도의 사람들에 의해
8 그 숫자들이 상태였다 결정된 그 경기자들에 의해
9 그 쓰레기가 상태이다 바뀌어진 음식 안 쪽으로(/음식으로)

준비
운동

단어를 읽어 본다. 어렵다면 QR코드의 원어민MP3와 무료강의를 활용한다.

1 enjoy [indʒɔ́i/인죠이] 즐긴다

2 writing [ráitiŋ/라이팅] 쓰는 것

3 study [stʌ́di/스터디] 공부한다

4 alphabet 영어 철자
[ǽfəbèt/앨퍼벹(ㅌ)]

5 everyone 모든 사람
[évriwʌn/에브뤼원]

6 painting 칠하는 것, 그림
[péintiŋ/페인팅]

7 wall [wɔːl/월] 벽

8 jump [dʒʌmp/쵬프] 펄쩍 뛰다

9 vegetable 채소
[védʒətəbl/베쥐터블]

10 bake [beik/베잌(ㅋ)] 굽는다

11 cookie [kúki/쿠키] 쿠키(과자)

12 with [wið, wíθ/윋] ~과 함께

13 pet [pet/펱(ㅌ)] 애완동물

14 great 대단한, 멋진
[greit/그뤠잍(ㅌ)]

15 play [plei/플레이] 논다, 경기한다

16 basketball 농구
[bǽskitbɔ̀ːl/배스킽벌]

17 together [təɡéðər/투게덜] 함께

18 robot [róubət/로우벹(ㅌ)] 로보트

19 easy [íːzi/이지] 쉬운

20 take [teik/테잌(ㅋ)] 가져간다

21 selfie 셀카 (스스로 찍는 자기 사진)
[selfi/쎌피]

22 take selfies 셀카를 찍는다
[teik selfiz/테잌(ㅋ) 쎌피즈]

23 part [paːrt/팥트] 부분

24 daily [déili/데일리] 일상의

25 life [laif/라이프] 삶

26 start [staːrt/스탈트] 시작한다

27 put [put/풑(ㅌ)] 놓는다

28 some [səm/썸] 약간의

29 small [smɔːl/스멀] 작은

30 stone [stoun/스토운] 돌

31 wear [weər/웨얼] 입는다

32 cap [kæp/캪(ㅍ)] (앞에 챙이 있는) 모자

33 just [dʒʌst/져ㅅㅌ] 단지

34 for [fɔr/폴] ~를 위해

35 baseball [béisbɔ̀ːl/베이스벌] 야구

36 player [pléiər/플레이얼] 경기자

67

연습
문제

'한다+ing'를 '~하는 것'으로 해석하시오.

painting = 칠하는 것

와이비엠 박 1-6   **1** jumping =

지학사 민 1-3   **2** eating =

다락원 강 1-1   **3** baking =

비상 김 2-1   **4** having =

천재 이 2-1   **5** playing =

와이비엠 송 1-7   **6** making =

능률 김 2-1   **7** taking =

실전 문제

Everyone enjoyed painting the wall.
모든 사람이   즐겼다   칠하는 것을   그 벽을

1 She enjoyed jumping.

    누가   한다   무엇을
_____ _____ _____

2 I enjoy eating vegetables.

    누가   한다   무엇을
_____ _____ _____

3 I enjoy baking cookies with him.

  누가   한다   무엇을   전치사+명사
_____ _____ _____ _____

4 Having a pet is great.

     누가   상태이다   어떤
_____ _____ _____

5 We enjoy playing basketball together.

   누가   한다   무엇을[2단어]   부사
_____ _____ _____ _____

6 Making a robot is not easy.

    누가[3]   상태이다[2]   어떤
_____ _____ _____

7 Taking selfies is part of daily life.

   누가[2]   상태이다   어떤   전치사+명사[3]
_____ _____ _____ _____

8 She started putting some small stones.

_____

9 Wearing a cap is not just for baseball players.

_____

조동사와 동사(한다/be동사)는 한 덩어리로 해석한다.

무료강의
bit.ly/3ww5fxv

누가 **한다** **무엇을**
We will have dinner.
위 월 햅(ㅂ) 디널
우리가   가질 것이다   저녁식사를

12
조동사

p.68 정답
1 펄쩍 뛰는 것
2 먹는 것
3 굽는 것
4 가지는 것
5 경기하는 것
6 만드는 것
7 가져가는 것

p.69 정답
1 그녀가 즐겼다 펄쩍 뛰는 것을
2 내가 즐긴다 먹는 것을 채소들을
3 내가 즐긴다 굽는 것을 쿠키들을 그
  와 함께
4 가지는 것이 한 애완동물을 상태이
  다 멋진
5 우리가 즐긴다 경기하는 것을 농구
  를 함께
6 만드는 것이 한 로봇을 상태가 아
  니다 쉬운
7 찍는 것이 셀카들을 상태이다 부분
  인 일상의 삶의
8 그녀가 시작했다 놓는 것을 약간의
  작은 돌들을
9 입는 것이 한 모자를 상태가 아니다
  단지 야구 경기자들을 위한

동사를 더 '구체적'으로 하기 위해 '조동사'를 쓴다. have는 '가진다'
지만, will have는 한 덩어리로 '가질 것이다'를 뜻한다. will이 '의지'
를 나타내서 '~할 것이다'를 뜻하기 때문이다.

조동사(will) 다음에는 동사의 원래 형태(사전에 실린 형태, 뒤에 ed
나 ing가 붙지 않음)를 써야만 한다. 그래서 am, are, is 대신에 'be'만
쓸 수 있다. 해석은 '상태가 될 것이다'이다.
I will am a space scientist. X
I will be a space scientist. O 내가 상태가 될 것이다 우주 과학자인

can이 '가능성(1~100%)'을 나타내서 '~할 수 있다'를 뜻하므로,
save는 '구한다', can save는 '구할 수 있다'이다.
We can save the Earth. 우리가 지구를 구할 수 있다.

'아니다'를 표현하려면 조동사 뒤에 not을 쓴다.
The ball will not be here forever.
그 공이 상태가 아닐 것이다 여기에 영원히 있는.

참고 ① will not은 won't(오운트)로, can not은 can't(캔트)로 줄여 쓸 수 있다.
   ② 중학생이 더 알아야 할 조동사 (다른 단원에서 나온다 p.121)
      have to: ~해야 할 이유가 있다, **must**: ~해야만 한다,
      should: '(내 생각엔) ~해야 한다', **may**: ~할 것 같다

준비
운동

단어를 읽어 본다. 어렵다면 QR코드의 원어민MP3와 무료강의를 활용한다.

1 will [wíl/윌] ~할 것이다

2 dinner [dínər/디널] 저녁 식사

3 space [speis/스페이씨] 우주, 공간

4 scientist 과학자
[sáiəntist/싸이언티스ㅌ]

5 can [kǽn/캔] ~할 수 있다

6 save [seiv/쎄이브] 구하다

7 the Earth [ði: ə:rθ/디 얼씨] 지구

8 ball [bɔːl/벌] 공

9 here [hiər/히얼] 여기(에서)

10 forever [fəre'vər/퍼레벌] 영원히

11 sit [sit/씯(ㅌ)] 앉는다

12 get [get/겥(ㅌ)] 생긴다

13 picture [píktʃər/픽철] 그림, 사진

14 make [meik/메잌(ㅋ)] 만든다

15 tteokbokki 떡볶이
[tʌkbəki/턱버키]

16 great [greit/ㄱ뤠잍(ㅌ)] 대단한, 멋진

17 play [plei/플레이] 논다, 경기한다

18 together [təgéðər/투게덜] 함께

19 find [faind/파인ㄷ] 찾는다

20 wife [waif/와이ㅍ] 아내

21 for [fɔ́ːr/폴] ~를 위해

22 market [mɑ́ːrkit/말킽(ㅌ)] 시장

23 again [əgéin/어게인] 다시

24 project [prɑ́dʒekt/프라젝ㅌ] 과제

25 easy [íːzi/이지] 쉬운

26 buy [bai/바이] 산다

27 thing [θiŋ/띵] ~것 (물건)

28 low [lou/로우] 낮은

29 price [prais/프롸이씨] 가격

30 learn [lə:rn/럴언] 배운다

31 about [əbáut/어바웉(ㅌ)] ~에 대해

32 bright [brait/ㅂ롸잍(ㅌ)] 밝은

33 star [staːr/스탈] 별

34 seen see(본다)의 과거분사
[siːn/씬]

35 night [nait/나잍(ㅌ)] 밤

36 at night [æt nait/앹 나잍(ㅌ)] 밤에

연습
문제

will get = 생길 것이다.

금성 최 1-2 **1** will make =

금성 최 1-2 **2** will be =

능률 김 1-2 **3** will play =

미래엔 최 1-4 **4** will find =

금성 최 1-2 **5** will visit =

금성 최 1-2 **6** can buy =

능률 김 1-2 **7** can learn =

실전 문제

You will get a picture.
너는 생길(가질)것이다 한 그림을(/이)

1 She will make tteokbokki.

　　　누가　　　　　한다　　　　　　무엇을

2 Our tteokbokki will be great.

　　　누가　　　　　상태이다　　　　　어떤

3 We will play it together.

　　　누가　　　한다　　　무엇을　　　부사

4 We will find a wife for you.

　　　누가　　　한다　　　무엇을　　전치사+명사

5 I will visit the market again.

　　　누가　　　한다²　　　무엇을²　　　부사

6 This project will be easy.

　　　누가²　　　　상태이다²　　　　어떤

7 We can buy things at low prices.

　　　누가　　　한다²　　　무엇을　　전치사+명사³

8 You can learn about Korea.

9 Bright stars can be seen at night.

'have+과거분사'는 '(과거에)~해서 (현재) ~한 상태이다'를 뜻한다.

누가 **한다** **무엇을**
I have eaten my dinner.
아이 햅(ㅂ) 잍튼 마이 디널

내가 (과거에 먹어서 현재) **먹은 상태이다 나의 저녁 식사를**

무료강의
bit.ly/3ww5fxv

ate는 '먹었다'로 과거에 끝난 일에 대해 말하지만, 'have eaten'는 과거에 밥을 먹은 적이 있는 현재의 모습에 관심이 있을 때 쓰는 말이다. 뜻은 '(과거에) ~해서 (현재) ~한 상태이다'이다.

I ate my dinner. 나는 나의 저녁 식사를 (과거에) 먹었다.

I have eaten my dinner.

나는 나의 저녁 식사를 (과거에) 먹어서, (현재) 먹은 상태이다.

p.72 정답

1 만들 것이다
2 상태일 것이다
3 놀 것이다(/경기할 것이다)
4 찾을 것이다
5 방문할 것이다
6 살 수 있다
7 배울 수 있다

p.73 정답

1 그녀가 만들 것이다 떡볶이를
2 우리의 떡볶이가 상태일 것이다 대단한
3 우리가 놀 것이다 그것을 함께
4 우리가 찾을 것이다 한 아내를 너를 위해
5 내가 방문할 것이다 그 시장을 다시
6 이 과제가 상태일 것이다 쉬운
7 우리가 살 수 있다 물건들을 낮은 가격으로(/의 지점에서)
8 네가 배울 수 있다 한국에 대해
9 밝은 별들이 상태일 수 있다 보여지는 밤에(/밤의 지점에서)

be동사가 have 바로 뒤에 오면 항상 been으로만 쓴다. 이렇게 불규칙으로 변하는 동사는 170쪽을 참고한다.

He was the captain. 그는 상태였다 그 대장인. (과거에만 대장이었다)

He has been the captain.

그는 (과거에) 상태여서 현재 상태이다 그 대장인. (지금도 대장이다)

참고 ① have eaten에서 have는 '가진다'를 뜻하지 않는다. will처럼 조동사로 쓴 것이다.

② have가 없을 때, '한다+ed'는 '한다' 자리에 썼을 때는 '~했다', 그 외에는 대부분 '~당함(p.62)'을 나타낸다

③ '누가+have'를 '누가've'로 줄여쓸 수 있다.

I have = I've / You have = You've / He has = He's

④ 과거부터 지금까지, 그리고 지금도 '계속해서'를 표현하기 위해 'have been 한다+ing'를 쓴다. 해석은 '과거부터 지금까지 계속해서 ~하는 중이다'이다.

I have been living in America for three years.

나는 과거부터 지금까지 계속해서 3년 동안 미국에 사는 중이다.

준비
운동

1 eaten eat(먹다)의 과거분사 [í:tn/이튼]

2 my [mai/마이] 나의

3 dinner [dínər/디널] 저녁 식사

4 been be(상태이다)의 과거분사 [bin/빈]

5 captain [kǽptin/캪틴] 대장

6 live [liv/맆(ㅂ)] 산다

7 lived live(산다)의 과거, 과거분사 [livd/맆(ㅂ)ㄷ]

8 quietly 조용히 [kwáiətli/쿠아이얼틀리]

9 selfie 셀카 (스스로 자기 사진을 찍는 것) [selfi/쎌피]

10 museum 박물관 [mju:zí:əm/뮤지엄]

11 written write(쓴다)의 과거분사 [rítn/뤼튼]

12 shopping 쇼핑, 사는 것 [ʃɑ́piŋ/샤핑]

13 list [list/리스트] 목록

14 room [ru:m/룸] 방, 공간

15 with [wið, wiθ/윋] ~과 함께

16 people [píːpl/피플] 사람들

17 built build(짓는다)의 과거분사 [bilt/빌ㅌ]

18 wooden [wúdn/우든] 나무로 된

19 house [haus/하우씨] 집

20 father [fɑ́:ðər/파덜] 아버지

21 invisible 보이지 않는 [invízəbl/인비저블]

22 finish [fíniʃ/피니쉬] 끝내다

23 tree [tri:/트뤼] 나무

24 never 절대 ~하지 않는다 [névər/네벌]

25 seen see(본다)의 과거분사 [si:n/씬]

26 blue [blu:/블루] 푸른

27 sky [skai/스카이] 하늘

28 best [best/베스티] 가장 좋은

29 friend [frend/프렌드] 친구

30 pig [pig/픽(ㄱ)] 돼지

31 his [hiz/히즈] 그의

32 of [əv/업(ㅂ)] ~의

33 brick [brik/브뤽(ㅋ)] 벽돌

have lived

연습
문제
= 과거에 살아서 현재 산 상태이다.

천재 정 2-3 **1** have visited =

능률 김 3-1 **2** have written =

다락원 강 3-4 **3** have shared =

미래엔 최 2-2 **4** have built =

동아 이 2-2 **5** has been =

천재 이 2-2 **6** have finished =

비상 김 2-5 **7** have seen =

실전 문제

I have lived quietly.
내가 과거에 살아서 현재산 상태이다 조용하게

1 I have visited a selfie museum.
   <u>누가</u>   <u>한다</u>   <u>무엇을</u>

2 I have written shopping lists.
   <u>누가</u>   <u>한다</u>   <u>무엇을</u>

3 I have shared a room **with her.**
   <u>누가</u>   <u>한다</u>   <u>무엇을</u> <u>전치사+명사</u>

4 People have built wooden houses.
   <u>누가</u>   <u>한다</u>   <u>무엇을</u>

5 My father has been invisible.
   <u>누가²</u>   <u>상태이다²</u>   <u>어떤</u>

6 They have finished making a tree.
   <u>누가</u>   <u>한다²</u>   <u>무엇을³</u>

7 I have never seen a blue sky.
   <u>누가</u>   <u>한다³</u>   <u>무엇을³</u>

8 They have been best friends.

9 The pig has built his house of bricks.

77

누가

People in Mongolia
피플　　　　인　　　　망고울리어
사람들은　　　　몽골 안에서

한다　　　　　　　　**무엇을**

move their houses.
무브　　　　데얼　　　　하우씨즈
이사한다　　　그들의 집들을

누가(people)와 한다(move) 사이에 People을 꾸며주는 in Mongolia 가 있다.

'전치사+명사(in Mongolia)'는 '누가'를 꾸며주기에 '누가'가 길어진 다. 그래서 '누가-한다-무엇을'에 ○△표시를 하여 '누가-한다'의 연 결을 볼 수 있도록 연습해야 한다.
People in Mongolia move their houses.

익숙해지면 표시하지 않고도 People in Mongolia를 한 덩어리의 '누 가'로 여길 수 있어야 한다.

14
전치사구가
붙은 주어

무료강의
bit.ly/3ww5fxv

p.76 정답

1 과거에 방문해서 현재 방문한 상태이다
2 과거에 써서 현재 쓴 상태이다
3 과거에 공유해서 현재 공유한 상태이다
4 과거에 지어서 현재 지은 상태이다
5 과거에 상태여서 현재 상태이다
6 과거에 끝내서 현재 끝낸 상태이다
7 과거에 봐서 현재 본 상태이다

p.77 정답

1 내가 과거에 방문해서 현재 방문한 상태다 한 셀카 박물관을
2 내가 과거에 써서 현재 쓴 상태다 구 입 목록들을
3 내가 과거에 공유해서 현재 공유한 상태다 한 방을 그녀와 함께
4 사람들이 과거에 지어서 현재 지은 상태다 나무로 된 집들을
5 나의 아버지가 과거에 상태여서 현 재 상태이다 보이지 않는
6 그들이 과거에 끝내서 현재 끝낸 상 태이다 만드는 것을 한 나무를
7 내가 과거에 절대로 못 봐서 현재 못 본 상태이다 한 푸른 하늘을
8 그들이 과거에 상태여서 현재 상태 이다 최고의 친구들인
9 그 돼지는 과거에 지어서 현재 지은 상태이다 그의 집을 벽돌들의

단어를 읽어 본다. 어렵다면 QR코드의 원어민MP3와 무료강의를 활용한다.

준비
운동

1 Mongolia 몽골 (국가 이름)
[maŋgóuliə/망고울리어]

2 move 움직인다, 이사한다
[muːv/무브]

3 their [ðéər/데얼] 그들의

4 temperature 온도
[témpərətʃər/템퍼래철]

5 up [ʌp/엎(ㅍ)] 위쪽으로

6 class [klæs/클래쓰] 반, 수업

7 had [hæd/핸(ㄷ)] 가졌다

8 project [prɑ́dʒekt/프라젝트] 과제

9 ice [ais/아이씨] 얼음

10 the Arctic 북극
[ði: ɑ́:rktik/디 앍틱(ㅋ)]

11 melt [melt/멜티] 녹인다

12 one 하나의, 한 사람, 한 물건
[wʌn/원]

13 festival [féstəvəl/페스티벌] 축제

14 small [smɔ́ːl/ㅅ멀] 작은

15 change 변화(시킨다)
[tʃeindʒ/췌인쥐]

16 bring [briŋ/브링] 가져온다

17 bring about ~을 유발한다
[briŋ əbáut/브링 어바웉(ㅌ)]

18 favorite 가장 좋아하는
[féivərit/페이버맅(ㅌ)]

19 time [taim/타임] 시간

20 at [æt/앹(ㅌ)] ~의 지점에서

21 honey [hʌni/허니] 꿀

22 ancient [éinʃənt/에인션트] 고대의

23 Egypt 이집트 (나라 이름)
[íːdʒipt/이쥪트]

24 eaten [íːtn/이튼] 먹혀진

25 today [tudéi/투데이] 오늘

26 man [mæn/맨] (어른인) 남자

27 foreign [fɔ́ːrən/포른] 외국의

28 country [kʌ́ntri/컨트뤼] 나라

29 Africa 아프리카 (대륙)
[æfrikɑ/애프뤼카]

30 person [pə́ːrsn/펄쓴] 사람

31 like [laik/라잌(ㅋ)] ~처럼, 좋아한다

32 called [kɔ́ːld/컬ㄷ] 불려진

33 leader [líːdər/리이덜] 이끄는 사람

34 rise [raiz/롸이즈] 오른다

35 degree [digríː/디ㄱ뤼] 온도

36 short [ʃɔ́ːrt/숕ㅌ] 짧은

The temperature of the Earth is going up.

천재 이 1-11 **1** The students in Sangmin's class had a project.

와이비엠 빅 1-4 **2** The ice in the Arctic melts.

천재 이 1-6 **3** One of them is the Festival.

와이비엠 박 1-4 **4** Small changes in temperature will bring about problems.

동아 이 1-1 **5** My favorite time at school is lunch time.

동아 이 3-2 **6** Honey from ancient Egypt can be eaten today.

와이비엠 박 1-8 **7** A man from a foreign country lived in Africa.

뜻을 모르는 단어는 이전 페이지(p.79)를 참고하여 해석하시오.

**실전
문제**

The temperature of the Earth is going up.
그　　온도가　　　　　　지구의　　상태이다 가는 중인 위로

1　The students in his class had a project.
　　누가　　　전치사+명사　　　한다　　　　무엇을

2　The ice in the Arctic melts.
　　누가　　　　전치사+명사　　　　　한다

3　One of them is the Festival.
　　누가　　　전치사+명사　　　　상태이다　　　　어떤

4　Small changes in temperature will bring about problems.
　　누가　　　전치사+명사　　　한다+전치사　　　명사

5　My favorite time at school is lunch time.
　　누가³　　전치사+명사²　　상태이다　　　　어떤²

6　Honey from ancient Egypt can be eaten today.
　　누가　전치사+명사³　상태이다²　어떤　　부사

7　A man from a foreign country lived in Africa.
　　누가²　　　전치사+명사⁴　　한다　　전치사+명사²

8　A person like me can be called a leader.

　　

9　The temperature of the Earth will rise six degrees in a short time.

왕이 백성을 가난에서 구하는 한 문장

1 dawn 새벽
[dɔ:n/던]

2 on ~에 접촉해서
[ən/언]

3 throne 왕좌 (왕의 의자)
[θroun/뜨로운]

4 tired 지친
[taiərd/타이얼드]

5 stood 일어섰다
[stud/ㅅ투드]

6 up 위쪽으로
[ʌp/엎(ㅍ)]

7 stop 멈춘다
[stap/ㅅ탚(ㅍ)]

8 said 말했다
[sed/쎋(ㄷ)]

9 heard 들었다
[hə:rd/헐드]

10 of ~의
[əv/업(ㅂ)]

11 nothing 아무것도 아닌 것
[naθiŋ/나띵]

12 gather 모은다
[gǽðər/개덜]

13 every 모든
[évri/에브뤼]

14 economist 경제학자
[ikónəmist/이커너미ㅅ트]

15 kingdom 왕국
[kíŋdəm/킹덤]

16 study 연구한다, 공부한다
[stʌdi/ㅅ터디]

17 so 그래서, 아주
[sou:/쏘우]

18 prove 증명한다
[pru:v/프룹(ㅂ)]

19 key 열쇠, 핵심
[ki:/키]

20 key to ~로 가는 해결책
[ki: tu/키 투]

21 trouble 문제
[trʌbl/트뤄블]

22 will ~할 것이다
[wíl/윌]

23 save 구한다, 아낀다
[seiv/쎄입(ㅂ)]

It was dawn.^{관련 단원: 6} The king on a throne was tired.[10/14] So he stood up.[7] Having arguments stopped.[11] And he said: "I have heard many of you.[8/13] But you know nothing. You gather every economist of my kingdom.[8] They are studying economics.[9] So they know economics well.[7] And they can prove the key to my people's troubles.[8/12] My people will be saved with it.[8/12]

견뎌라.

지금 견디고
남은 생을 승자로 살아라.

복싱 헤비급 역사상 유일한 3회 챔피언
무하마드 알리
〈1942 ~ 2016〉

이 책만 견디면 남은 영어 인생을 승자로 살 수 있습니다.

'한다' 뒤에 바로 형용사가 나오면 '~하게'로 해석한다.

누가 **한다** **어떻게**

You look sad.
유 룩(ㅋ) 쌘(드)
네가 **보인다** **슬프게**

15
감각동사
+형용사

무료강의
bit.ly/3ww5fxv

look(보인다)처럼 '느끼는 행동'에 대한 동사(한다)는 '동사'를 be동 사처럼 써서 뒤에 '어떤(sad)'이 올 수 있다. 다만 해석은 '동사(한다)' 의 영향으로 '어떤'이 아니라 '어떻게'로 한다.

You are sad. 너는 상태이다 슬픈

You look sad. 너는 보인다 슬프게

참고 look 뒤에 '무엇을'을 쓰고 싶다면, 'at'을 함께 써야 한다.

She looks at her watch. 그녀는 본다 그녀의 손목 시계를

마찬가지로 느낌을 나타내는 동사 중에 들린다(sound), 맛이 난다 (taste), 느껴진다(feel), 냄새난다(smell), seem(생각된다)도 뒤에 '어떤'이 올 수 있다.

I feel sorry. 나는 느낀다 미안하게

상태나 과정을 보여주는 일부 동사(become, go, stay, get, come, grow, turn 등)도 뒤에 '어떤'이 올 수 있다.

He became happy. 그는 되었다 행복하게

'어떤'으로 '형용사'가 아니라 '명사'나 '전치사+명사'도 쓸 수 있다.

She became an angel. 그녀는 되었다 한 천사가 (명사)

It looks like a woman. 그것은 보인다 한 여자 같이 (전치사+명사)

준비
운동

단어를 읽어 본다. 어렵다면 QR코드의 원어민MP3와 무료강의를 활용한다.

1 look [luk/룩(ㅋ)] 보인다

2 look at ~의 한 지점으로 본다
[luk æt/룩 앹(ㅌ)]

3 sad [sæd/쌔앧(ㄷ)] 슬픈

4 her [hər/헐] 그녀의, 그녀를

5 watch [watʃ/와취] 손목 시계

6 sound 들린다, 소리
[saund/싸운드]

7 taste [teist/테이ㅅㅌ] 맛이 난다, 맛

8 feel [fiːl/필] 느껴진다

9 smell 냄새가 난다, 냄새 맡는다
[smel/ㅅ멜]

10 seem [siːm/씸] ~처럼 생각된다

11 sorry [sɔ́ːri/써뤼] 미안한

12 happy [hǽpi/해피] 행복한

13 became ~이 되었다
[bikéim/비케임]

14 angel [éindʒəl/에인졀] 천사

15 woman (어른인) 여자
[wəmən/워먼]

16 great 멋진, 대단한
[greit/ㄱ뤠잍(ㅌ)]

17 park [paːrk/팔ㅋ] 공원

18 terrible [térəbl/테뤄블] 끔찍한

19 relaxed [rilǽkst/륄랙ㅅㅌ] 편안한

20 picture [píktʃər/픽철] 그림, 사진

21 good [gud/귿(ㄷ)] 좋은

22 famous [féiməs/페이머ㅅ] 유명한

23 soon [suːn/쑨] 곧, 바로

24 after [ǽftər/애프털] ~이후에, 뒤에

25 soon after 바로 뒤에
[suːn ǽftər/쑨 애프털]

26 chocolate 초콜릿
[tʃɔ́ːkələt/춰컬맅(ㅌ)]

27 topping [tɑ́piŋ/타핑] 고명

28 sweet [swiːt/ㅅ윁(ㅌ)] 달콤한

29 baozi [baɔzi/바오지] (중국식) 만두

30 basket [bǽskit/배ㅅ킽(ㅌ)] 바구니

31 always [ɔ́ːlweiz/얼웨이즈] 항상

32 delicious 맛있는
[dilíʃəs/딜리셔ㅅ]

happy = 행복하게

**연습
문제**

비상 김 1-3   **1**   sad =

천재 이 1-8   **2**   great =

동아 윤 1-6   **3**   terrible =

와이비엠 송 1-5   **4**   relaxed =

능률 김 2-1   **5**   good =

미래엔 최 1-6   **6**   famous =

미래엔 최 1-3   **7**   sweet =

뜻을 모르는 단어는 이전 페이지(p.87)를 참고하여 해석하시오.

He looked happy.

그가　　　보였다　　　행복하게

실전 문제

1 He looked sad.

＿＿＿＿＿　누가　＿＿＿＿＿　한다　＿＿＿＿＿　어떻게

2 That sounds great.

＿＿＿＿＿　누가　＿＿＿＿＿　한다　＿＿＿＿＿　어떻게

3 The park looked terrible.

＿＿＿＿＿　누가　＿＿＿＿＿　한다　＿＿＿＿＿　어떻게

4 They look relaxed.

＿＿＿＿＿　누가　＿＿＿＿＿　한다　＿＿＿＿＿　어떻게

5 My pictures look good.

＿＿＿＿＿　누가² 　＿＿＿＿＿　한다　＿＿＿＿＿　어떻게

6 The picture became famous.

＿＿＿＿＿　누가² 　＿＿＿＿＿　한다　＿＿＿＿＿　어떻게

7 You will feel happy soon after.

＿＿＿＿＿　누가　＿＿＿＿＿　한다² 　＿＿＿＿＿　어떻게　＿＿＿＿＿　부사²

8 Chocolate toppings taste sweet.

＿＿＿＿＿＿＿＿＿＿　＿＿＿＿＿＿＿＿＿＿　＿＿＿＿＿＿＿＿＿＿

9 Baozi in baskets always look delicious.

＿＿＿＿＿＿＿＿＿＿　＿＿＿＿＿＿＿＿＿＿　＿＿＿＿＿＿＿＿＿＿

16
목적어가
두 개인 동사

무료강의
bit.ly/3ww5fxv

'주는 의미'의 동사는 '누구에게-무엇을'로 쓸 수 있다.

누가　한다　누구에게　무엇을
They gave him a new name.
데이　게이브　힘　어　누　네임
그들이 준다 그에게 한 새로운 이름을

'주는 의미'를 가진 동사(give)는 '누구에게' 주는 지 궁금하기에, '누가-한다-무엇을'에서, '한다(gave)' '무엇을(a new name)' 사이에 '누구에게(him)'를 넣을 수 있다.

참고 '한다(gave)' 뒤에 '명사'가 두개(him, a new name)이므로 목적어가 '두 개'라고 한다. 가장 많이 쓰는 문장구조 5개 중 하나로, 이 구조의 문장에 쓰인 동사(gave)를 '4형식 동사'라고 하고, 문장을 '4형식 문장'이라고 한다.

'주는 의미'의 다른 동사들(give준다, send보낸다, teach가르친다, show보여준다, get생기게 한다, buy산다, bring가져온다 등)도 '누가-한다-누구에게-무엇을' 구조로 쓸 수 있다.
I sent you some pictures of Mongolia.
내가 보냈다 너에게 몇몇의 몽골 사진을

This story teaches us an important lesson.
이 이야기가 가르친다 우리에게 한 중요한 교훈을

p.88 정답
1 슬프게
2 멋지게(/대단하게)
3 끔찍하게
4 편안하게
5 좋게
6 유명하게
7 달콤하게

p.89 정답
1 그가 보였다 슬프게
2 저것이 소리난다 멋지게
3 그 공원이 보였다 끔찍하게
4 그들이 보인다 편안하게
5 나의 사진(/그림)들이 보인다 좋게
6 그 그림이 됐다 유명하게
7 네가 느낄 것이다 행복하게 바로 뒤에
8 초콜릿 토핑들이 맛이난다 달콤하게
9 중국식 만두가 바구니들 안에서 항상 보인다 맛있게

 단어를 읽어 본다. 어렵다면 QR코드의 원어민MP3와 무료강의를 활용한다.

**준비
운동**

1 give [giv/기브] 준다

2 gave [geiv/게이브] 주었다

3 new [nu:/누] 새로운

4 name [neim/네임] 이름

5 sent [sent/쎈트] 보냈다

6 some [səm/썸] 약간의

7 picture [píktʃər/픽쳘] 그림, 사진

8 Mongolia 몽골 (국가 이름)
[maŋgóuliə/망고울리어]

9 this [ðis/디씨] 이, 이것

10 story [stɔ́ːri/스토뤼] 이야기

11 teach [ti:tʃ/티취] 가르친다

12 important 중요한
[impɔ́ːrtənt/임포턴트]

13 lesson [lésn/레쓴] 교훈, 수업

14 them [ðəm/뎀] 그들을

15 dollar [dάlər/달럴] 달러 (돈의 단위)

16 many [méni/메니] 많은

17 master 스승, 주인
[mǽstər/매스털]

18 capoeira 카포에이라 (브라질의 무술)
[kàːpouéirə/카포우에이러]

19 brother [brʌðər/브뤄덜] 형제

20 pencil case 필통
[pénsəl keis/펜쓸 케이씨]

21 also [ɔ́:lsou/얼쏘우] 또한

22 show [ʃou/쑈우] 보여준다

23 question 질문
[kwéstʃən/쿠에ㅅ쳔]

24 New York 뉴욕 (미국의 도시)
[nu: jɔ:rk/누 욕(ㅋ)]

25 real [ríːəl/리얼] 진짜인

26 city [síti/씨티] 도시

27 life [laif/라이] 삶

28 these [ðíːz/디즈] 이, 이것들

29 idea [aidíːə/아이디어] 생각

30 family [fǽmili/패밀리] 가족

31 phone [foun/포운] 전화

32 something 어떤 것
[sʌmθiŋ/썸띵]

33 about ~에 대해
[əbáut/어바웉(ㅌ)]

34 their [ðéər/데얼] 그들의

35 talent [tǽlənt/탤런트] 재능

'누구에게'를 찾아 O를 표시하시오.

I give (them) the money.

**연습
문제**

동아 이 1-7 **1** Her father gave **him** 40 dollars.

다락원 강 1-5 **2** Many masters teach people capoeira.

천재 이 1-9 **3** I will give my brother this pencil case.

동아 윤 2-1 **4** You can also show me some pictures.

천재 이 1-10 **5** We will give you some questions.

비상 김 1-4 **6** New York will show you the real city life.

금성 최 1-7 **7** These ideas can teach us a lesson.

뜻을 모르는 단어는 이전 페이지(p.91)를 참고하여 해석하시오.

I give them the money.

내가 준다 그들에게 그 돈을

실전 문제

1 Her father gave him 40 dollars.

누가   한다   누구에게   무엇을

2 Many masters teach people capoeira.

누가   한다   누구에게   무엇을

3 I will give my brother this pencil case.

누가   한다   누구에게   무엇을

4 You can also show me some pictures.

누가   한다   누구에게   무엇을

5 We will give you some questions.

누가   한다²   누구에게   무엇을²

6 New York will show you the real city life.

누가²   한다²   누구에게   무엇을⁴

7 These ideas can teach us a lesson.

누가²   한다²   누구에게   무엇을²

8 She sent her family the picture with her phone.

9 The students showed the class something about their talents.

‘무엇을(목적어)’ 다음에 바로 ‘형용사’가 나오면 ‘~하게’로 해석한다.

17
5형식 동사

누가　한다　무엇이　어떻게
My pet makes me happy.
마이　펟(트)　메잌쓰　미　해피
나의 애완동물이 만든다 내가 행복하게

무료강의
bit.ly/3ww5fxv

make는 문장에서 ‘나를(me, 무엇을)’ 어떻게 만들었는지(make) 궁금하기에 뒤에 ‘어떻게(happy, 형용사)’가 올 수 있다. 마치 무엇을(나, me)과 어떤(happy) 사이에 be동사가 생략된 것처럼 쓴다. 해석은 ‘무엇이(내가)-어떻게(행복하게)’로 한다.

모든 동사를 다 이렇게 쓸 수 있는 것은 아니고, ‘무엇을’이 어떻게 됐는지 궁금한 동사들(make만든다, have가진다, keep유지한다, think생각한다, find찾는다, get생기게 한다, call부른다, believe믿는다 등)만 이렇게 쓸 수 있다.

‘누가-상태이다-어떤(p.34)’에서 ‘어떤’과 마찬가지로 ‘어떻게’에는 ‘명사’도 올 수 있다.

We call such people smombies. 우리는 부른다 그런 사람을 스몸비라고.
무엇이(such people)-어떻게(smombies)

참고
‘누가-한다-무엇이-어떻게’구조의 문장을 5형식 문장이라고 한다.

1형식(자동사): p.54

2형식(be동사): p.34, 38, 86

3형식: p.22, 38

4형식: p.90

5형식: p.94, 98

준비 운동

단어를 읽어 본다. 어렵다면 QR코드의 원어민MP3와 무료강의를 활용한다.

1 pet [pet/펱(ㅌ)] 애완동물

2 make [meik/메잌(ㅋ)] 만든다

3 call [kɔːl/컬] 부른다

4 such [sʌtʃ/써취] 그러한

5 people [píːpl/피플] 사람들

6 smombie 스마트폰에 빠진 좀비
[smάmbi/ㅅ맘비]

7 excited 흥미진진해진
[iksáitid/잌싸이틷(ㄷ)]

8 their [ðéər/데얼] 그들의

9 smile [smail/ㅅ마일] 미소

10 made 만들었다, 만들어진
[meid/메이ㄷ]

11 square 정사각형(인)
[skwɛər/ㅅ쿠에얼]

12 room [ruːm/룸] 방, 공간

13 better [bétər/베털] 더 좋은

14 roof [ruːf/룹(ㅍ)] 지붕

15 keep [kiːp/킾(ㅍ)] 유지한다

16 house [haus/하우씨] 집

17 warm [wɔːrm/웜] 따뜻한

18 bleach [bliːtʃ/블리취] 표백제

19 water [wɔ́ːtər/워털] 물

20 clear [kliər/클리얼] 투명한

21 cleaned [kliːnd/클린ㄷ] 깨끗해진

22 by [bai/바이] ~에 의해

23 robot [róubət/로우벝(ㅌ)] 로봇

24 bed [bed/벧(ㄷ)] 침대

25 designed 고안된
[dizáind/디자인ㄷ]

26 expert [ékspəːrt/엑쓰펄ㅌ] 전문가

27 thought 생각했다 (think의 과거)
[θɔːt/떨(ㅌ)]

28 popcorn [pάpkɔ̀ːrn/팦콜온] 팝콘

29 symbol [símbəl/씸벌] 상징, 기호

30 of [əv/업(ㅂ)] ~의

31 good [gud/귇(ㄷ)] 좋은

32 health [helθ/헬(ㄸ)] 건강

33 play [plei/플레이] 논다, 경기한다

34 game [geim/게임] 게임

35 can [kæn/캔] ~할 수 있다

36 awake [əwéik/어웨잌(ㅋ)] 깨어있는

It makes them happy.
= 그들이 행복하게

연습
문제

능률 김 1-7 **1** It makes them excited.

와이비엠 박 1-8 **2** Their smiles made him happy.

천재 정 2-5 **3** Square makes the room better.

다락원 강 2-4 **4** The roof keeps the house warm.

미래엔 최 2-7 **5** Bleach keeps the water clear.

다락원 강 3-9 **6** I have my house cleaned by a robot.

비상 김 3-6 **7** I had my bed designed by experts.

뜻을 모르는 단어는 이전 페이지(p.95)를 참고하여 해석하시오.

It makes them happy.
그것이   만든다   그들이   행복하게

**실전
문제**

1 It makes them **excited**.

    누가   한다   무엇이   어떻게

2 Their smiles made him **happy**.

    누가   한다   무엇이   어떻게

3 Square makes the room **better**.

    누가   한다   무엇이   어떻게

4 The roof keeps the house **warm**.

    누가   한다   무엇이   어떻게

5 Bleach keeps the water clear.

    누가   한다   무엇이[2]   어떻게

6 I have my house cleaned by a robot.

  누가   한다   무엇이[2]   어떻게   전치사+명사[3]

7 I had my bed designed by experts.

  누가   한다   무엇이[2]   어떻게   전치사+명사[2]

8 They thought popcorn a symbol of good health.

9 Playing games can keep you awake.

두번째 동사를 '~하는 것을'로 해석한다.

18
사역동사와 지각동사

무료강의
bit.ly/3ww5fxv

누가　**한다**　**무엇이**　**어떻게**

Mom made me clean my room.
맘　　메이드　　미　　클린　마이　룸

엄마는 만들었다 내가 깨끗히하는 것을 나의방을

'만들었다(made)'는 '내가(me)'가 '어떻게 하도록' 만들었는지 뒤에 '동사(clean)'을 쓸 수 있다.

이처럼 시키는 의미를 가진 '한다' 중에 have, let, make는 '무엇을' 이 '어떻게 하도록' 시켰는지 동사의 원래 형태(clean)를 쓸 수 있다. 해석은 '~하는 것을'로 한다.

The project manager had us meet at 9 a.m.

그 과제 관리자는 갖게 했다 우리가(us) 만나는 것을(meet) 9시에

Let me put your phone in a glass.

허락해라 내가(me) 놓는 것을(put) 너의 전화기를 한 유리컵 안에.

'움직임'에 관해 느꼈을 때(주로 hear듣는다, see본다), 뒤에 동사 원형이나 형용사(동사+ing, 동사+ed)를 쓸 수 있다. 해석은 '~하는 것을' 로 한다.

Ryan heard the doorbell ring.

라이언은 들었다 초인종(doorbell)이 울리는 것(ring, 동사원형)을

He saw birds flying.

그는 봤다 새들이(birds) 날아가는 것(flying, 형용사)을.

p.96 정답
1 그들이 흥분되게
2 그가 행복하게
3 그 방이 더 좋게
4 그 집이 따뜻하게
5 그 물이 맑게
6 나의 집이 깨끗해지게
7 나의 침대가 고안되게

p.97 정답
1 그것이 만든다 그들이 흥분되게
2 그들의 미소들이 만들었다 그가 행복하게
3 정사각형이 만든다 그 방이 더 좋게
4 그 지붕이 유지한다 그 집이 따뜻하게
5 세제가 유지한다 그 물을 맑게
6 내가 가진다 나의 집이 깨끗해지게 한 로봇에 의해
7 내가 가졌다 나의 침대가 고안되게 전문가들에 의해
8 그들이 생각했다 팝콘이 한 상징이 라고 좋은 건강의
9 노는 것이 게임들을 유지할 수 있다 네가 깨어있게

준비 운동

단어를 읽어 본다. 어렵다면 QR코드의 원어민MP3와 무료강의를 활용한다.

1 mom [mam/맘] 엄마

2 let [let/렡(ㅌ)] 허락한다

3 project [prάdʒekt/프라젝ㅌ] 과제

4 manager 관리자
[mǽnidʒər/매니졀]

5 meet [miːt/밑(ㅌ)] 만난다

6 a.m. [éiém/에이엠] 오전
ante meridiem=before noon

7 put [put/풑(ㅌ)] 놓는다

8 phone [foun/포운] 전화기

9 glass [glæs/글래ㅆ] 유리, 유리컵

10 heard 들었다 (hear의 과거)
[həːrd/헐ㄷ]

11 doorbell [dɔ́rbél/도얼벨] 초인종

12 ring [riŋ/륑] 울린다

13 saw [sɔː/써] 봤다 (see의 과거)

14 bird [bəːrd/벌ㄷ] 새

15 fly [flai/플라이] 난다

16 eye [ai/아이] 눈

17 tired [taiərd/타이얼ㄷ] 지친

18 drive [draiv/ㄷ롸이ㅂ] 운전한다

19 cat [kæt/캩(ㅌ)] 고양이

20 cross [krɔːs/ㅋ뤄ㅆ] 건넌다

21 street [striːt/ㅅㅌ륕(ㅌ)] 거리

22 see [siː/씨] 본다

23 official [əfíʃəl/어피셜] 공무원

24 wave [weiv/웨이ㅂ] 흔든다, 파도

25 flag [flæg/플래ㄱ] 깃발

26 river [rívər/뤼벌] 강

27 ice [ais/아이ㅆ] 얼음

28 crack [kræk/ㅋ랙(ㅋ)] 갈라진다

29 group [gruːp/ㄱ룹(ㅍ)] 집단

30 comfortable 편안한
[kʌmfərtəbl/컴펄터블]

31 musician 음악가
[mjuːzíʃən/뮤지션]

32 play [plei/플레이] 논다, 연주한다

33 music [mjúːzik/뮤직(ㅋ)] 음악

34 monster [mɔ́nstər/만ㅅ털] 괴물

35 cheer [tʃiər/취얼] 환호한다

36 loudly (소리가) 크게
[láudli/라우들리]

**연습
문제**

It makes you feel good.
= 네가 느끼는 것을

와이비엠 송 2-2 **1** It makes your eyes feel tired.

천재 이 2 6 **2** The call made him drive to her house.

와이비엠 송 2-7 **3** I see a cat crossing the street.

비상 김 2-4 **4** He sees the official waving a flag.

미래엔 최 2-8 **5** I saw the ice cracking.

금성 최 3-1 **6** He let me change my group.

와이비엠 박 2-3 **7** It will make your eyes feel comfortable.

뜻을 모르는 단어는 이전 페이지(p.99)를 참고하여 해석하시오.

It makes you feel good.
그것은 만든다 네가 느끼는 것을 좋게

**실전
문제**

1 It makes your eyes feel tired.

　　누가　　　한다　　　　무엇이　　　어떻게　　어떻게

2 The call made him drive to her house.

　　누가　　　한다　　　무엇이　　어떻게　　전치사+명사

3 I see a cat crossing the street.

　　누가　　　한다　　　무엇이　　　어떻게　　　무엇을

4 He sees the official waving a flag.

　　누가　　　한다　　　무엇이　　　어떻게　　　무엇을

5 I saw the ice cracking.

　　누가　　　　한다　　　　무엇이²　　　　어떻게

6 He let me change my group.

　　누가　　　한다　　　무엇이　　어떻게　　무엇을²

7 It will make your eyes feel comfortable.

　　누가　　　한다²　　　무엇이²　어떻게　　어떻게

8 You can hear musicians playing music.

9 You will hear the monsters cheer loudly.

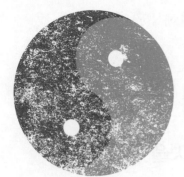

명사 뒤의 '동사+ing'는 명사가 '~하면서'를 뜻한다.

누가　한다　무엇이　어떻게

They found her sitting.
데이　파운드　헐　씨팅

그들이　발견했다　그녀가　앉아있으면서

19
분사구문

무료강의
bit.ly/3ww5fxv

p.100 정답
1 너의 눈들이 느끼는 것을
2 그가 운전하는 것을
3 한 고양이가 건너는 것을
4 그 공무원이 흔드는 것을
5 그 얼음이 깨지는 것을
6 내가 바꾸는 것을
7 너의 눈들이 느끼는 것을

p.101 정답
1 그것이 만든다 너의 눈들이 느끼는 것을 지치게
2 그 전화가 만들었다 그가 운전하는 것을 그녀의 집으로
3 내가 본다 한 고양이가 건너는 것을 그 거리를
4 그가 본다 그 공무원이 흔드는 것을 한 깃발을
5 내가 봤다 그 얼음이 깨지는 것을
6 그가 허락했다 내가 바꾸는 것을 나의 집단을
7 그것이 만들 것이다 너의 눈들이 느끼는 것을 편안하게
8 네가 들을 수 있다 음악가들이 연주하는 것을 음악을
9 네가 들을 것이다 그 괴물들이 환호하는 것을 크게

her sitting은 마치 her is sitting처럼, '그녀가 앉아 있으면서'를 뜻한다. 이처럼 명사의 바로 뒤에 '한다+ing'를 쓰면, 그 명사가 '~하면서'를 뜻한다.

반면에, 콤마(,) 뒤에 '한다+ing'를 쓰면, 바로 앞의 명사가 아니라 '누가'가 그 행동을 하는 게 된다.
They found her, sitting. 그들이 찾았다 그녀를, (그들이) 앉아있으면서

'한다+ing'로 시작하는 콤마의 뒷부분을 '누가-한다-무엇을'의 앞에 쓸 수도 있다. 이 경우에도 '누가(they)'가 '한다+ing'를 한다.
Sitting, they found her. (그들이) 앉아있으면서, 그들이 찾았다 그녀를.

이처럼 콤마를 한 개 쓰면 대부분은 원래는 문장의 뒤에 있어야 할 것이 앞으로 나왔다는 뜻이다. 실제로 말할 때도 콤마(,)에서 잠깐 쉼으로써 '누가(they)'의 시작을 알려준다.

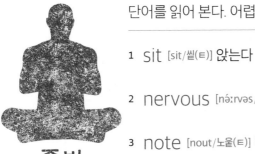

준비
운동

단어를 읽어 본다. 어렵다면 QR코드의 원어민MP3와 무료강의를 활용한다.

1 sit [sit/씯(ㅌ)] 앉는다

2 nervous [nə́:rvəs/널버씨] 긴장한

3 note [nout/노옽(ㅌ)] 메모(한다)

4 gather [ɡǽðər/개덜] 모은다

5 question 질문
[kwéstʃən/쿠에ㅅ쳔]

6 explain 설명한다
[ikspléin/익쓰플레인]

7 use [juːz/유즈] 사용한다

8 method [méθəd/메떠드] 방법

9 expert [ékspəːrt/엑쓰펄트] 전문가

10 analyze 분석한다
[ǽnəlàiz/애널라이즈]

11 data [déitə/데이터] 자료

12 felt [felt/펠트] 느꼈다(feel의 과거)

13 find [faind/파인드] 찾는다

14 beauty [bjúːti/뷰티] 아름다움

15 order 정리(한다), 명령한다
[ɔ́ːrdər/올덜]

16 positive 긍정적인
[pɑ́zətiv/파저팁(ㅂ)]

17 review [rivjúː/리뷰] 논평, 복습

18 borrow [bɑ́rou/바로우] 빌린다

19 bike 자전거, 오토바이
[baik/바잌(ㅋ)]

20 helmet [hélmit/헬밑(ㅌ)] 헬멧

21 work [wəːrk/월ㅋ] 일한다

22 other [ʌ́ðər/어덜] 다른

23 group [gruːp/ㄱ룹(ㅍ)] 집단

24 distribute 나눠 준다
[distríbjuːt/디쓰트뤼븥(ㅌ)]

25 wheelchair 휠체어
[wìltʃér/윌췌얼]

26 woman (어른인) 여자
[wúmən/워먼]

27 walk [wɔːk/월(ㅋ)] 걷는다

28 down [daun/다운] 아래로

29 road [roud/로우드] 길

30 look for [luk fɔ́ːr/룩 폴] 찾는다

31 item [áitəm/아이텀] 물품

32 into [intu/인투] ~의 안 쪽으로

33 look into 조사한다
[luk ìntu/룩 인투]

34 article [ɑ́ːrtikl/알티클] 기사, 글

35 think [θiŋk/띵ㅋ] 생각한다

36 motive [móutiv/모우팁(ㅂ)] 동기

연습
문제

Feeling nervous, (he) was studying her notes.

금성 최 3-6   **1** Gathering questions, we explained them.

동아 윤 3-7   **2** Using methods, experts analyze big data.

천재 정 3-4   **3** Hearing this, I felt sorry.

지학사 민 3-5   **4** Looking at them,
you find the beauty of order.

능률 김 3-6   **5** Seeing positive reviews,
I borrowed a bike helmet.

능률 양 3-4   **6** Working with other groups,
we distributed wheelchairs.

천재 정 2-7   **7** It looks like a happy woman walking
down a road.

뜻을 모르는 단어는 이전 페이지(p.103)를 참고하여 해석하시오.

Feeling nervous,
느끼면서   긴장하게

실전 문제

he was studying her notes.
그는 상태였다 공부하는 중인   그녀의 노트 필기들을

1 Gathering questions, we explained them.
어떻게   무엇을 ,   누가   한다   무엇을

2 Using methods, experts analyze big data.
어떻게   무엇을 ,   누가   한다   무엇을

3 Hearing this, I felt sorry.
어떻게   무엇을 ,   누가   한다   어떻게

4 Looking at them, you find the beauty of order.
어떻게 전치사+명사, 누가 한다 무엇을 전치사+명사

5 Seeing positive reviews, I borrowed a bike helmet.
어떻게   무엇을² ,   누가   한다   무엇을³

6 Working with other groups, we distributed wheelchairs.
어떻게   전치사+명사³,   누가   한다   무엇을

7 It looks like a happy woman walking down a road.
누가   한다   무엇을⁴   어떻게   전치사+명사³

8 We moved around the school, looking for the items.

_____ , _____

9 We look into some articles, thinking about the motives.

_____ , _____

20
to부정사의 명사적 용법

무료강의 bit.ly/3ww5fxv

p.104 정답

1 Gathering questions, we explained them.
2 Using methods, experts analyze big data.
3 Hearing this I felt sorry.
4 Looking at them, you find the beauty of order.
5 Seeing positive reviews I borrowed a bike helmet.
6 Working with other groups, we distributed wheelchairs.
7 It looks like a happy woman walking down a road.

p.105 정답

1 모으면서 질문들을, 우리가 설명했다 그(것)들을
2 사용하면서 방법들을, 전문가들이 분석한다 큰 자료들을
3 들으면서이것을 내가느꼈다미안하게
4 보면서 그(것)들을, 네가 찾는다 그 아름다움을 정리의
5 보면서 긍정적인 평가들을, 내가 빌렸다 한 자전거 헬멧을
6 일하면서 다른 집단들과 함께, 우리가 나눠줬다 휠체어들을
7 그것이 보인다 한 행복한 여자처럼 걸으면서 아래로 한 길을
8 우리는 움직였다 그 학교 주변을, 찾으면서 그 물건들을
9 우리가 조사한다 약간의 기사들을, 생각하면서 그 동기들에 대해

'to+동사'의 70%는 '~하는 것'을 뜻한다.

누가 **한다** **무엇을**

I love to cook.

아이 럽(브) 투 쿡(크)

내가 사랑한다 **요리하는 것을**

cook은 '요리한다'이다. 하지만 to cook은 '요리하는 것'이다. 'to+한다'는 주로 '무엇을' 위치에서 '~하는 것'을 뜻한다. 'to+동사(또는 to+한다)'를 '(to)부정사'라고 한다.

cook이 동사이므로 뒤에 '무엇을'이 또 나올 수 있다.

I love to cook pizza. 나는 사랑한다 요리하는 것을 피자를

I wanted to cook Pad Thai. 나는 원했다 요리하는 것을 팟타이를

to뒤에 '동사'가 아니라 '명사'가 나오면 전치사로 방향을 나타내며, '(도착은) ~에'로 해석된다(p.54)

I go to school. 내가 간다 학교에

학교(school)가 명사이므로 to는 '(도착은) 학교에'가 된다

'한다' 뒤에 '무엇을'로 'to+한다'를 자주 쓰는 '한다(동사)': want, try, like, love, decide, get, help, ask, start, hope, forget, suppose, seem, promise, order, expect, learn 등.

'동사'는 원형(사전에 실린 형태)만 써야 하므로, be동사를 쓸 때는 be만 쓴다.

I want to am a dog trainer X

I want to be a dog trainer. O 나는 원한다 상태인 것을 개 조련사인

준비
운동

1 love [lʌv/럽(ㅂ)] 사랑한다

2 cook [kuk/쿡(ㅋ)] 요리한다

3 pizza [píːtsa/핕짜] 피자

4 go [gou/고우] 간다

5 want [wɔːnt/원ㅌ] 원한다

6 dog [dɔːg/덕(ㄱ)] 개

7 trainer 훈련시키는 사람
[tréinər/ㅌ뤠이널]

8 help [help/헲(ㅍ)] 돕는다

9 our [auər/아월] 우리의

10 parent [péərənt/페뤈ㅌ] 부모님

11 sing [siŋ/씽] 노래한다

12 cookie [kúki/쿠키] 쿠키

13 picture [píktʃər/픽쳘] 그림, 사진

14 report [ripɔ́ːrt/뤼폴ㅌ] 보도(한다)

15 trash [træʃ/ㅌ뢔쉬] 쓰레기

16 drink [driŋk/ㄷ륑ㅋ] 마신다

17 compote 설탕 과일 조림
[kάmpout/캄포웉(ㅌ)]

18 every [évri/에브뤼] 모든

19 day [dei/데이] 날

20 every day 매일
[évri dei/에브뤼 데이]

21 learn [ləːrn/럴언] 배운다

22 some [səm/썸] 약간의

23 magic [mǽdʒik/매직(ㅋ)] 마술

24 trick [trik/ㅌ륔(ㅋ)] 속임수

25 Korean [kəríːən/커뤼언] 한국의

26 with [wið, wiθ/윋(ㄸ)] ~과 함께

27 us [əs/어씨] 우리를

28 student [stjuːdnt/ㅅ튜던ㅌ] 학생

29 decide [disáid/디싸이ㄷ] 결정한다

30 draw [drɔː/ㄷ뤄] 그린다

31 band [bænd/밴ㄷ] 음악밴드, 띠

32 don't [dount/도운ㅌ] ~하지 않는다

33 need [niːd/니ㄷ] 필요로 한다

34 count [kaunt/카운ㅌ] 센다

35 coin [kɔin/코인] 동전

to help = 돕는 것을

**연습
문제**

동아 이 1-6 **1** to sing =

천재 정 1-2 **2** to eat =

천재 이 1-7 **3** to take =

동아 윤 1-6 **4** to report =

비상 김 1-6 **5** to drink =

능률 양 1-2 **6** to learn =

천재 이 2-5 **7** to draw =

뜻을 모르는 단어는 이전 페이지(p.107)를 참고하여 해석하시오.

We want to help our parents.
우리가 원한다   돕는 것을   우리의 부모님들을

**실전
문제**

1 He loved to sing.
_____ _____ _____
　　누가　　　　　한다　　　　　무엇을

2 I like to eat cookies.
_____ _____ _____ _____
　누가　　　　한다　　　　무엇을　　　　　무엇을

3 She likes to take pictures.
_____ _____ _____ _____
　누가　　　　한다　　　　무엇을　　　　　무엇을

4 I want to report on the trash.
_____ _____ _____ _____
　누가　　　　한다　　　　무엇을　　　　전치사+명사

5 I want to drink compote every day!
_____ _____ _____ _____ _____
　누가　　　한다　　무엇을²　　무엇을　　　부사²

6 I want to learn some magic tricks.
_____ _____ _____ _____
　누가　　　한다　　　무엇을²　　　　무엇을³

7 Korean people wanted to take a picture with us.
_____ _____ _____ _____ _____
　누가²　　　한다　　무엇을²　무엇을² 전치사+명사²

8 The students decided to draw the school band.
_____ _____ _____

9 I don't need to count the coins.

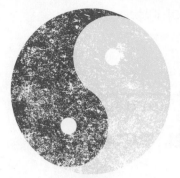

21
to부정사의 의미상 주어

무료강의
bit.ly/3ww5fxv

누가 한다 무엇이 어떻게

I want you to understand.
아이 원ㅌ 유 투 언덜ㅅ탠ㄷ

내가 원한다 네가 이해하는 것을

'내가' 이해하는 것(to understand)이 아니라, '네가' 이해한다고 표현하려면 to understand 앞에 you를 쓴다.

I want to understand. 원하는 것은 '내가' 이해하는 것
I want you to understand. 원하는 것은 '네가' 이해하는 것.

이처럼 '무엇을'로 'to+한다'를 쓸 때, 'to+한다'의 바로 앞에 '사람'을 쓰면, 5형식 문장(p.94)처럼 그 사람이 'to+하는 것'을 의미한다.

이 단원에서 'to+동사'의 해석은 20단원(p.106)처럼 '~하는 것을(명사)'로 한다.

참고 '부정사'란 단어의 종류(명사/부사/형용사 등)가 정해져 있지 않다는 뜻으로, 'to+한다'는 위치에 따라 뜻이 조금 달라진다. 주로 명사 자리에서 명사(p.106)로 쓰고, 종종 부사(p.118)나 형용사로 쓰인다.

p.108 정답
1 노래하는 것을
2 먹는 것을
3 가져가는 것을
4 보도하는 것을
5 마시는 것을
6 배우는 것을
7 그리는 것을

p.109 정답
1 그가 사랑했다 노래하는 것을
2 내가 좋아한다 먹는 것을 쿠키들을
3 그녀가 좋아한다 가져가는 것을 그림(/사진)들을
4 내가 원한다 보도하는 것을 쓰레기에 접촉해서(/대해서)
5 내가 원한다 마시는 것을 컴포트(설탕 과일 조림)를 매일
6 내가 원한다 배우는 것을 약간의 마술 속임수들을
7 한국 사람들이 원했다 찍는 것을 한 사진을 우리와 함께
8 그 학생들이 결정했다 그리는 것을 그 학교 음악 밴드를
9 내가 필요하지 않는다 세는 것을 그 동전들을

준비
운동

단어를 읽어 본다. 어렵다면 QR코드의 원어민MP3와 무료강의를 활용한다.

1 understand 이해한다
[ʌndərstǽnd/언덜ㅅ탠드]

2 continue 계속한다
[kəntínjuː/컨티뉴]

3 on [ən/언] 계속해서 (부사일 때)

4 ask [æsk/애ㅅㅋ] 요청한다

5 job [dʒab/쟙] 직업

6 doctor [dɑ́ktər/닥털] 의사

7 help [help/헾(ㅍ)] 돕는다

8 us [əs/어씨] 우리를

9 hammer [hǽmər/해멀] 망치

10 nail [neil/네일] 못

11 into [intu/인투] ~의 안 쪽으로

12 fence [fens/펜ㅅ] 담

13 3D [θríːdíː/따뤼디] 3차원(입체)의

14 printed [printid/ㅍ륀틷(ㄷ)] 인쇄된

15 product [prɑ́dʌkt/ㅍ롸덕ㅌ] 상품

16 rich [ritʃ/뤼취] 부자인

17 businessman 사업가
[bìznismǽn/비즈니ㅅ맨]

18 pick [pik/픽(ㅋ)] 고른다

19 painting [péintiŋ/페인팅] 그림

20 other [ʌðər/어덜] 다른

21 team [tiːm/팀] 팀

22 player [pléiər/플레이얼] 경기자

23 join [dʒɔin/죠인] 가담한다

24 director [diréktər/디뤽털] 감독

25 actor [ǽktər/액털] 연기자

26 do [du/두] 한다

27 same [seim/쎄임] 같은

28 scene [siːn/씬] 장면

29 king [kiŋ/킹] 왕

30 order [ɔ́ːrdər/올덜] 명령한다

31 famous [féiməs/페이머ㅅ] 유명한

32 military [mílitèri/밀리테뤼] 군사의

33 Japanese 일본의
[dʒæpəníːz/재퍼니즈]

34 official [əfíʃəl/어피셜] 공무원

35 press 누른다, 압박한다
[pres/ㅍ퀘씨]

36 build [bild/빌드] 짓는다

He told her to continue on.
= 그녀가 계속하는 것을

연습
문제

지학사 민 2-3 **1** She asked him to do the job.

동아 이 2-2 **2** We asked the doctor to help us.

능률 양 2-8 **3** He asked him to hammer a nail into the fence.

능률 김 2-7 **4** He wants people to use 3D printed products.

다락원 강 3-2 **5** A rich businessman asked me to pick your painting.

와이비엠 박 2-7 **6** Other teams asked the players to join them.

천재 이 2-8 **7** The director asked the actors to do the same scene.

뜻을 모르는 단어는 이전 페이지(p.111)를 참고하여 해석하시오.

**실전
문제**

He told her to continue on.

그가 말했다 그녀가 계속하는 것을 계속해서

1 She asked him to do the job.

누가   한다   무엇이   어떻게   무엇을

2 We asked the doctor to help us.

누가   한다   무엇이   어떻게   무엇을

3 He asked him to hammer a nail into the fence.

누가   한다   무엇이   어떻게   무엇을 전치사+명사

4 He wants people to use 3D printed products.

누가   한다   무엇이   어떻게   무엇을

5 A rich businessman asked me to pick your painting.

누가³   한다 무엇이   어떻게²   무엇을²

6 Other teams asked the players to join them.

누가²   한다   무엇이²   어떻게²   무엇을

7 The director asked the actors to do the same scene.

누가²   한다   무엇이²   어떻게²   무엇을³

8 The king ordered him to go to a famous military school.

9 Japanese officials pressed him to build Japanese houses.

왕이 백성을 가난에서 구하는 한 문장

1 month 달
[mʌnθ/먼ㄸ]

2 pass 지나간다
[pæs/패ㅆ]

3 assemble 모은다
[əsémbl/어쎔블]

4 number 숫자
[nʌmbər/넘벌]

5 thousand 천(숫자)의
[θáuzənd/따우전드]

6 twenty 이십(숫자)의
[twénti/ㅌ웬티]

7 teaching 가르침
[tíːtʃiŋ/티췽]

8 economics 경제학
[èkənɔ́miks/에커너믹ㅅ]

9 chief 가장 높은 (사람)
[tʃíːf/취ㅍ]

10 sorry 미안한
[sɔ́ːri/써뤼]

11 at least 적어도
[æt líːst/앨 리ㅅㅌ]

12 year 년 (기간의 단위)
[jiər/이열]

13 then 그러고 나서
[ðen/덴]

14 get 생긴다
[get/겔(ㅌ)]

15 delay 지체한다
[diléi/딜레이]

16 after ~후에
[ǽftər/애ㅍ털]

17 again 다시
[əgéin/어게인]

18 went 갔다
[went/웬ㅌ]

19 best 최고의, 최선의 (것)
[best/베ㅅㅌ]

20 do our best
[du auər best/두 아월 베ㅅㅌ]
우리의 최선을 다한다

21 diligence 근면함
[dílidʒəns/딜리전ㅅ]

22 prepare 준비한다
[pripéər/ㅍ루페얼]

23 here 여기에
[hiər/히얼]

24 page 쪽
[peidʒ/페이쥐]

25 each 각각의
[iːtʃ/이춰]

26 chart 도표
[tʃaːrt/촬ㅌ]

27 graph 그래프
[græf/ㄱ뢔ㅍ]

28 angry 화난
[ǽŋgri/앵ㄱ뤼]

29 raise 올린다
[reiz/뤠이ㅈ]

30 scepter 왕이 드는 막대기
[séptər/쎕털]

31 throw 던진다
[θrou/ㄸ로우]

32 kill 죽인다
[kil/킬]

33 half 절반
[hæf/해ㅍ]

34 crossbow 석궁 (장치로 쏘는 활)
[krɔ́ːsbòu/ㅋ뤄ㅆ보우]

35 guard 경비원
[gaːrd/갈드]

36 shot 쏜다, 쐈다
[ʃat/샽(ㅌ)]

무료강의
bit.ly/3ww5fxv

A month passed. The economists assembled. Their number was two thousand and twenty two.

The king asked them "let me know your teaching on economics".관련 단원: 17/18 The chief economist said "I'm sorry. We need to study at least a year.관련 단원: 20 Then, we can tell you about people's troubles."

The king said "It's a very long time. My people are hungry. But get to work without delay.[20]"

After a year, they gathered again. And the chief economist went to the king. He said "Oh, king, we have tried to do our best with all diligence.[13/20] We have prepared the teaching on economics.[13] We give you the teaching here in 87 books of 600 pages each with charts and graphs[16].

The king became angry.[15] He raised his scepter. He threw it to the economist, saying "Kill the half of them".[19] Raising their crossbows, the guards shot one thousands and ten of the economists.[19]

나는
한 번에 만 가지 발차기를
수련하는 사람을
두려워하지 않는다.

그러나 한 가지 발차기를
만 번 수련한 사람을 두려워한다.

절권도 창시자, 영화 배우
이소룡
〈1940 ~ 1973〉

10권을 한 번씩 읽은 사람보다, 1권을 10번 읽은 사람이 영어를 훨씬 더 잘합니다. 반복하세요!

'to+동사'의 약 20%는 '~하기 위해'로 해석된다.

누가 한다 무엇을 부사

I touched his head to stop him.
아이 터취드 히즈 헫(ㄷ) 투 스탑 힘

내가 만졌다 그의 머리를 멈추기 위해 그를

무료강의
bit.ly/3ww5fxv

'누가(I)-한다(touched)-무엇을(his head)' 이후에 나온 'to+동사'는 '~하기 위해'로 해석한다. 'stop'은 '멈춘다'이므로, 'to stop'은 '멈추기 위해'가 된다. stop이 동사이므로 '무엇을(그를)' 멈추게 하는지 him을 써서 나타냈다.

I caught a ferry to get to Jejudo.

내가 잡았다(탔다) 한 배를 가기 위해 제주도로

마찬가지로 누가(I)-한다(caught)-무엇을(a ferry) 이후에 'to get'이 나왔으므로 '생기기 위해'가 된다. to Jejudo는 get에 따라오는 말로 '(도착은) 제주도로'가 된다. 참고로 to Jejudo의 to는 제주도(Jejudo)가 '명사'이므로 전치사로 쓴 것이다(p.54).

I'm sorry to trouble you.

내가 미안하다 곤란하게 해서 너를

'누가(I)-상태이다(am)-어떤(sorry)' 이후에 나온 'to+한다'는 '~해서'로 해석한다. to trouble은 '곤란하게 해서'가 된다.

'~하기 위해'나 '~해서'는 '부사(p.46)' 역할을 하기에, 'to부정사의 부사적 용법'이라고 불린다.

준비
운동

단어를 읽어 본다. 어렵다면 QR코드의 원어민MP3와 무료강의를 활용한다.

1 touch [tʌtʃ/터취] 만진다

2 stop [stap/스탚(ㅍ)] 멈춘다

3 caught 잡았다 (catch의 과거)
[kɔːt/컽(ㅌ)]

4 ferry [féri/페뤼] 배

5 get to [get tu /겥 투] ~에 간다

6 Jejudo [dʒedʒudə/제주더] 제주도

7 trouble 문제, 곤란하게 한다
[trʌbl/트뤄블]

8 hit [hit/힡(ㅌ)] 친다

9 break [breik/브뤠잌(ㅋ)] 부순다

10 bad [bæd/뺀(ㄷ)] 나쁜

11 luck [lʌk/렄(ㅋ)] 운

12 hat (사방에 챙이 있는) 모자
[hæt/햍(ㅌ)]

13 fancy [fǽnsi/팬씨] 화려한

14 went [went/웬ㅌ] 갔다 (go의 과거)

15 college [kɑ́lidʒ/칼리쥐] 대학

16 law [lɔː/러] 법

17 will [wíl/윌] ~할 것이다.

18 read [riːd/뤼드] 읽는다

19 top [tap/탚(ㅍ)] 꼭대기

20 three [θriː/뜨뤼] 셋의

21 show [ʃou/쇼우] 보여준다

22 thank [θæŋk/땡ㅋ] 감사(한다)

23 more [mɔːr/모얼] 더 많은

24 effort [éfərt/에펄ㅌ] 노력

25 overcome 극복한다
[óuvərkəm/오우벌컴]

26 weakness 약점
[wíːknis/위크니쓰]

27 have to ~해야 한다 (p.70)
[hǽv tú/햅 투]

28 produce 생산한다
[prədjúːs/프뤄듀ㅅ]

29 milk [milk/밀ㅋ] 우유

30 win [win/윈] 이긴다, 얻어낸다

31 prize [praiz/프롸이즈] 상

32 should ~해야 한다 (p.70)
[ʃud/슏]

33 check [tʃek/쵘(ㅋ)] 확인(한다)

34 stomach 배 (신체)
[stəmək/스터먹]

35 stick [stik/스틱(ㅋ)] 막대기

36 lake [leik/레잌(ㅋ)] 호수

'to+동사'를 '~하기 위해'로 해석하시오.

연습 문제 to break = 부수기 위해

비상 김 2-2 **1** to look =

능률 김 1-6 **2** to study =

금성 최 1-6 **3** to show =

와이비엠 송 2-1 **4** to overcome =

지학사 민 1-5 **5** to be =

동아 윤 2-2 **6** to win =

비상 김 1-7 **7** to check =

뜻을 모르는 단어는 이전 페이지(p.119)를 참고하여 해석하시오.

실전 문제

They hit it to break bad luck.

그들은 친다 그것을 부수기위해 나쁜 운을

1 We want hats to look fancy.

　　누가　　　한다　　무엇을　　　부사　　　어떻게

2 He went to college to study law.

　　누가　　　한다　전치사+명사　　부사　　무엇을

3 I will read the top three to show my thanks.

　누가　　　한다　　　무엇을　　　부사　　무엇을

4 I will put more effort to overcome my weakness.

　누가　　　한다　　　무엇을　　　부사　　무엇을

5 I will study to be a scientist.

　누가　　　한다²　　　　부사²　　　어떤²

6 They have to produce a lot of milk to win a prize.

　누가　　　한다　　　무엇을　　　부사　　무엇을

7 I should see a doctor to check my stomach.

누가　　　한다　　　무엇을　　　부사　　　무엇을

8 You should say "Stop, stick!" to stop it.

9 She was happy to look at lakes.

and 뒤의 단어를 보고 앞에서 같은 종류의 단어를 찾는다.

누가 | 한다 | 무엇을 | 누가 한다 | 무엇을

I need milk and apples.
아이   니드   밀크   앤드   애플즈

내가 필요로 한다 우유를   그리고 (내가 필요로 한다) **사과들을**

무료강의
bit.ly/3ww5fxv

and는 바로 뒤의 단어를 보고, 앞에서 같은 종류의 단어를 찾는다. and 뒤에 사과들(apples)이 나왔으므로 앞에 같은 종류인 명사(milk)를 찾고, milk 앞에 있는 말(I need)이 and와 apples 사이에 생략된 것을 알 수 있다. and로 연결하기 전의 두 문장은,

① I need milk. 나는 필요로 한다 우유를
② I need apples. 나는 필요로 한다 사과들을

He enjoys cooking and makes breakfast.
and뒤에 makes가 나왔는데, makes는 '한다(동사)'이므로, 앞에서 같은 종류의 단어(동사, enjoys)를 찾는다. 그래서 enjoy 앞의 말(He)이 and와 makes 사이에 생략된 것을 알 수 있다. and로 연결하기 전의 두 문장은,

① He enjoys cooking. 그는 즐긴다 요리를
② He makes breakfast. 그는 만든다 아침식사를

They keep me cool in summer and warm in winter.
and 뒤에 warm(형용사)가 나왔다. 앞에서 같은 종류의 단어(형용사)는 cool이므로 and와 warm사이에는 They keep me가 생략됐다. and로 연결하기 전의 두 문장은,

① They keep me cool in summer. 그것들은 유지한다 나를 시원하게 여름에
② They keep me warm in winter. 그것들은 유지한다 나를 따뜻하게 겨울에

**준비
운동**

단어를 읽어 본다. 어렵다면 QR코드의 원어민MP3와 무료강의를 활용한다.

1 and [ǽnd/앤드] 그리고

2 apple [ǽpl/애플] 사과

3 breakfast 아침식사 [brékfəst/브뤡퍼ㅅ트]

4 cool [ku:l/쿨] 시원한

5 in [in/인] ~ 안에

6 summer [sʌmər/써멀] 여름

7 winter [wíntər/윈털] 겨울

8 wear [wɛər/웨얼] 입는다

9 glasses [glǽsiz/글래씨ㅈ] 안경

10 cute [kju:t/큩(ㅌ)] 귀여운

11 a lot [ə lat/어 랕(ㅌ)] 많이

12 write [rait/롸잍(ㅌ)] 쓴다

13 sea [si:/씨] 바다

14 come [kʌm/컴] 온다

15 close 가까운, 가까이 [klous/클로우ㅅ]

16 cut [kʌt/컽(ㅌ)] 자른다

17 away [əwéi/어웨이] 멀리

18 place [pleis/플레이ㅆ] 장소

19 view [vju:/뷰] 광경

20 rap 랩 (말과 리듬으로 하는 음악의 일종) [ræp/뢮(ㅍ)]

21 post 게시한다, 발송한다 [poust/포우ㅅ트]

22 brought 가져왔다 (bring의 과거) [brɔ:t/브럍(ㅌ)]

23 old [ould/오울드] 늙은

24 should ~해야 한다 (p.70) [ʃud/슏]

25 adventurous 모험적인 [ædvéntʃərəs/애ㄷ벤춰뤄ㅅ]

26 princess [prínses/프륀쎄ㅅ] 공주

27 got [gat/같(ㅌ)] 생겼다 (get의 과거)

28 get on [get ən/겥 언] ~에 탄다

29 boat [bout/보웉(ㅌ)] 보트

30 set off [set ɔ:f/쎝 엎(ㅍ)] 출발한다

31 Gaya [gəjάː/가야] 가야 (나라)

32 roll [roul/로울] 구른다

33 into [intu/인투] ~의 안쪽으로

34 thrown 던져진 (throw의 과거분사) [θroun/뜨로운]

35 onto ~에 접촉하도록 [ɔ́:ntu/온투]

36 truck [trʌk/트뤜(ㅋ)] 트럭

연습 문제 He (wears) glasses and has a cute smile.

와이비엠 박 1-스페셜1　**1**　I read a lot and write stories.

능률 양 1-5　**2**　Sea animals come close and become food.

미래엔 최 1-7　**3**　They cut down trees and move them away.

천재 이 1-6　**4**　Many people visit this place and enjoy the view.

동아 윤 1-1　**5**　We write rap songs and post them.

능률 양 1-7　**6**　He brought an old tree from here and planted it in our garden.

미래엔 최 1-7　**7**　You should be adventurous and be in good health.

뜻을 모르는 단어는 이전 페이지(p.123)를 참고하여 해석하시오.

실전 문제

He wears glasses
그가   입는다   안경을

and has a cute smile.
그리고 가진다 한 귀여운   미소를

1 I read a lot and write stories.

   누가   한다   부사   and   한다   무엇을

2 Sea animals come close and become food.

   누가   한다   부사   and   한다   어떤

3 They cut down trees and move them away.

   누가   한다   부사   무엇을
   and   한다   무엇을   부사

4 Many people visit this place and enjoy the view.

   누가   한다   무엇을   and   한다   무엇을

5 We write rap songs and post them.

   누가   한다   무엇을²   and   한다   무엇을

6 He brought an old tree from here and planted it in our garden.

   누가   한다   무엇을   전치사+명사
   and   한다   무엇을   전치사+명사

7 You should be adventurous and be in good health.

   누가   상태이다   어떤
   and   상태이다   전치사+명사

8 The princess got on a boat with them and set off for Gaya.

9 She was rolled into a ball and thrown onto a truck.

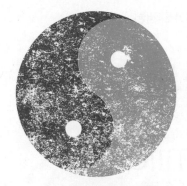

접속사는 '동사(한다/상태이다)' 뒤에 붙여서 해석한다.

누가 **한다** **무엇을**

An opera changed his life
언　아퍼라　　쉐인쥗(ㄷ)　　히ㅈ 라잎(ㅍ)
한　오페라가　바꿨다　그의 삶을

접속사 **누가** **상태이다** **어떤**

when he was 30.
웬　히　워즈　떨티
~할때　그가 상태일 때 30살인.

무료강의
bit.ly/3ww5fxv

p.124 정답
1 I read a lot and write stories.
2 Sea animals come close and become food.
3 They cut down trees and move them away.
4 Many people visit this place and enjoy the view.
5 We write rap songs and post them.
6 He brought an old tree from here and planted it in our garden.
7 You should be adventurous and be in good health.

p.125 정답
1 내가 읽는다 많이 그리고 쓴다 이야기들을
2 바다 동물들이 온다 가까이 그리고 된다 음식이
3 그들이 자른다 아래로 나무들을 그리고 옮긴다(/움직인다) 그것들을 멀리
4 많은 사람들이 방문한다 이 장소를 그리고 즐긴다 그 광경을
5 우리가 쓴다 랩 노래들을 그리고 게시한다 그것들을
6 그가 가져왔다 한 오래된 나무를 여기로부터 그리고 심었다 그것을 우리의 정원 안에
7 네가 상태여야 한다 모험적인 그리고 상태여야 한다 좋은 건강 안인
8 그 공주는 탔다 한 보트에 그들과 함께 그리고 출발했다 가야를 위해(/향해)
9 그녀가 상태였다 굴려진 한 공 안으로 그리고 던져진 한 트럭에 접촉하도록

문장 뒤에, '언제(when)' 그 일이 있었는지 '문장'으로 설명하기 위해 '접속사(when)'를 쓴다. 앞의 문장이 더 중요한 부분이므로 '주절(An opera changed his life)', 그리고 '접속사+문장'으로 주절을 설명하는 부분을 '종속절(when he was 30)'이라고 한다.

접속사는 항상 '한다'나 '상태이다'에 붙여 해석한다. when의 뜻은 '~할 때'로, was에 붙어서 해석은 '그가 상태일 때'이다.
그리고 종속절(접속사+문장)부터 문장을 시작하려면 종속절 뒤에 콤마(,)를 써서 문장의 시작(주절, an opera~)을 알 수 있게 한다.
When he was 30, an opera changed his life.

although(=though)는 '~하지만'을 뜻한다.
Although it was raining, I played soccer.
비가 오는 상태였지만, 내가 축구를 했다

because는 '~하기 때문에'를 뜻한다.
People enjoy the game because it is easy.
사람들은 즐긴다 그 게임을 그것이 상태이기 때문에 쉬운

while은 '~하는 동안'를 뜻한다.
Whales stand on their tails while they sleep.
고래들이 그들의 꼬리로 서있는다 그들이 자는 동안에

단어를 읽어 본다. 어렵다면 QR코드의 원어민MP3와 무료강의를 활용한다.

1 opera [ɑ́pərə/아퍼롸] 오페라

2 when [wén/웬] ~할 때

3 although ~하지만
[ɔ:lðóu/얼도우]

4 rain [rein/뤠인] 비(온다)

5 soccer [sɑ́kər/싸컬] 축구

6 because ~하기 때문에
[bikɔ́:z/비커즈]

7 whale [weil/웨일] 고래

8 stand [stænd/스탠드] 서있다

9 tail [teil/테일] 꼬리

10 while [wail/와일] ~하는 동안

11 sleep [sli:p/슬맆(ㅍ)] 잔다

12 owl [aul/아울] 부엉이

13 face [feis/페이씨] 얼굴

14 feather [féðər/페덜] 깃털

15 life [laif/라이ㅍ] 삶

16 race [reis/뤠이씨] 경주

17 recycle 재활용한다
[ri:sáikl/뤼싸이클]

18 protect 보호한다
[prətékt/프러텍트]

19 nature [néitʃər/네이쳘] 자연

20 snowflake 눈송이
[snòufléik/ㅅ노우플레잌(ㅋ)]

21 bright [brait/ㅂ롸잍(ㅌ)] 밝은

22 teenager 10대 (13살~19살)
[tí:nèidʒər/틴에이졀]

23 difference 다름
[dífərəns/디퍼뤈ㅅ]

24 world [wə:rld/월을드] 세계

25 home [houm/호움] 집, 집으로

26 scooter 스쿠터 (오토바이의 일종)
[skú:tər/ㅅ쿠털]

27 took 가져갔다 (take의 과거)
[tuk/퉄(ㅋ)]

28 some [səm/썸] 약간의

29 of [əv/업(ㅂ)] ~의

30 middle [mídl/미들] 중간의

31 middle school 중학교
[mídl sku:l/미들 ㅅ쿨]

32 act [ækt/액트] 행동(한다)

33 play [plei/플레이] 연극 (명사일 때)

34 can [kæn/캔] 깡통 (명사일 때)

35 float [flout/플로웉(ㅌ)] 떠있다

36 light [lait/라잍(ㅌ)] 빛

연습
문제 # When an owl hears something,

= 들을 때

비상 김 1-8 **1** When **you** win **this race,**

지학사 민 1-4 **2** When **we** recycle,

천재 정 1-8 **3** When **he** saw **the snowflake,**

미래엔 최 3-1 **4** Although **they** are **teenagers,**

천재 정 2-3 **5** Though **the boys** are **not** riding **horses,**

미래엔 최 2-1 **6** While **I** was **walking home,**

동아 이 1-6 **7** When **Rahul** was **in middle school,**

뜻을 모르는 단어는 이전 페이지(p.127)를 참고하여 해석하시오.

**실전
문제**

When an owl hears something,
~할 때 　한 부엉이가 들을 때 　무언가를,

it moves its face feathers.
그것은 움직인다 그것의 얼굴의 　깃털들을

1 When you win this race, you can start a new life.
　　접속사　　　　누가　　　　　한다　　　　　　무엇을
　　　누가　　　　　　한다　　　　　　　무엇을

2 When we recycle, we can protect nature.
　　접속사　　　　누가　　　　　한다
　　　누가　　　　　한다　　　　　　무엇을

3 When he saw the snowflake, his face became bright.
　　접속사　　　　누가　　　　　한다　　　　　무엇을
　　　누가　　　　　한다　　　　어떻게

4 Although they are teenagers,
they have made a difference in the world.
　　접속사　　　　누가　　　　상태이다　　　　　어떤
　　　누가　　　　　한다　　　어떻게　　　전치사+명사

5 Though the boys are not riding horses, it looks like them.
　　접속사　　　누가²　　상태이다²　　　어떤　　　　무엇을
　　　누가　　　　한다　　　전치사+명사²

6 While I was walking home, I saw a woman on a scooter.
　　접속사　　　　누가　　　상태이다　　　　어떤　　　　부사
　　　누가　　　　한다　　　무엇을　　　전치사+명사

7 While I was playing with the dog,
my father took some pictures of us.
　　접속사　　　　누가　　　상태이다　　　　어떤　　　전치사+명사
　　　누가　　　　한다　　　무엇을　　　전치사+명사

8 When he was in middle school, he acted in a play.

9 Cans will float because they are light.

25
가정법

무료강의
bit.ly/3ww5fxv

p.128 정답

1 이길 때
2 재활용할 때
3 봤을 때
4 상태지만
5 상태가 아니지만
6 상태였던 동안
7 상태였을 때

p.129 정답

1 (~할 때) 네가 이길 때 이 경주를, 네가 시작할 수 있다 한 새로운 삶을
2 (~할 때) 우리가 재활용할 때, 우리가 보호할 수 있다 자연을
3 (~할 때) 그가 봤을 때 그 눈송이를, 그의 얼굴이 됐다 밝게
4 (~하지만) 그들이 상태지만 십대들인, 그들이 과거에 만들어서 현재 만든 상태다 한 다름을 그 세계 안에서
5 (~하지만) 그 아이들이 상태가 아니지만 타는 중인 말들을, 그것은 보였다 그들처럼
6 (~하는 동안) 내가 상태였던 동안 걷는 중인 집으로, 내가 봤다 한 여자를 한 오토바이에 접촉한
7 (~하는 동안) 내가 상태였던 동안 노는 중인 그 개와 함께, 나의 아버지는 가져갔다(/찍었다) 약간의 사진들을 우리의
8 (~할 때) 그가 상태였을 때 중학교 안인, 그가 연기했다 한 연극 안에서
9 깡통들이 뜰 것이다 (~하기 때문에) 그들이 상태이기 때문에 가벼운.

130

---

if를 쓸 때는 미래를 현재로, 현재는 과거로 쓴다.

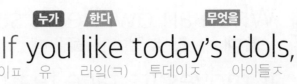

누가 **한다** **무엇을**

If you like today's idols,
이프 유 라일(크) 투데이즈 아이들즈
(~하면) 네가 좋아하면 오늘날의 연예인들을

누가 **한다** **무엇을**

you will love the original idol.
유 윌 럽(브) 디 어뤼쥐널 아이들
네가 사랑할 것이다 그 원래의 연예인을

If you like **today's idols,** (미래에) 네가 좋아하면 오늘날의 연예인들을 접속사 if는 '~하면, ~라면'을 뜻한다. 접속사는 '한다'에 붙여서 해석하므로, If는 like에 붙여서 '좋아하면'이다. 일어나지 않은(사실이 아닌) 미래를 가정하기 위해 미래 대신에 '현재'를 쓴다.

you will love **the original idol.** 네가 원래의 연예인도 사랑할 것이다. 주절에서 조동사가 없으면 '너는 그 원래의 연예인을 사랑한다'가 되므로 if절의 가정하는 표현과 어울리지 않는다. 그래서 조동사(will, can, may 등, p.70)를 넣어서 '사랑할 것이다'로 표현한다.

If we had no smartphones, (현재) 우리가 휴대폰을 갖지 않는다면 '현재'에 '~하면'을 나타낼 때는 '한다'를 과거로 써서 표현한다. 접속사 if는, 한다(had) 뒤에 붙여서 '(현재) 가진다면'으로 해석한다.

our lives would be difficult. 우리의 삶이 어려워질 것이다. 마찬가지로, 주절에서는 조동사를 쓰는데 현재를 가정하기 위해 과거의 조동사를 쓴다.
would:~할 것이다 / could:~할 수 있다. / might: ~할 것 같다.

If I were you, I would give him sweets.
(현재) 내가 너라면, 내가 그에게 달콤한 것들을 줄 것 같다.
현재를 가정할 때, 종속절(if+문장)에 be동사는 대부분 were를 쓴다.

단어를 읽어 본다. 어렵다면 QR코드의 원어민MP3와 무료강의를 활용한다.

1 idol [áidl/아이들] 연예인

2 original 원래의 [ərídʒinəl/어뤼쥐널]

3 no [nou/노우] 없다

4 smartphone 스마트폰 [smɑ́ːrtfoun/스맡(ㅌ)포운]

5 lives 삶 (명사일 때 life의 복수형) [laivz/라이브즈]

6 difficult [dífikʌlt/디피컬ㅌ] 어려운

7 would ~하려고 한다 (will의 과거) [wúd/욷(ㄷ)]

8 could ~할 수도 있다 (can의 과거) [kud/쿧(ㄷ)]

9 interested 흥미있어진 [íntərəestid/인터뤠스티드]

10 save [seiv/쎄입(ㅂ)] 구한다

11 planet [plǽnit/플래닡(ㅌ)] 행성

12 exercise 운동 [éksərsàiz/엑썰싸이즈]

13 become [bikʌ́m/비컴] 된다

14 healthy [hélθi/헬띠] 건강한

15 healthier 더 건강한 [hélθiər/헬띠얼]

16 dream [driːm/ㄷ륌] 꿈

17 future [fjúːtʃər/퓨철] 미래

18 rest [rest/뤠스ㅌ] 휴식한다, 남은

19 hold [hould/호울드] 잡고 있다

20 nose [nouz/노우즈] 코

21 tight [tait/타잍(ㅌ)] 꽉 끼는

22 flavor [fléivər/플레이벌] 맛과 향

23 well [wel/웰] 잘

24 fall [fɔːl/펄] 떨어진다

25 asleep [əslíːp/어슬맆(ㅍ)] 잠든

26 easily [íːzili/이질리] 쉽게

27 boring 지루하게 하는 중인 [bɔ́ːriŋ/보링]

28 fly [flai/플라이] 난다

29 son [sʌn/썬] 아들

30 pueblo 인디언 마을 [pwéblou/풰블로우]

31 climb [klaim/클라임] 오른다

32 up [ʌp/엎(ㅍ)] 위쪽으로

33 ladder [lǽdər/래덜] 사다리

34 enter [éntər/엔털] 들어간다

35 easier [íːziər/이지얼] 더 쉬운

36 robot [róubət/로우벝(ㅌ)] 로봇

연습 문제 If you are interested in saving the planet,

= **(미래에) 상태라면**

지학사 민 2-1 **1** If you exercise every day,

능률 김 2-7 **2** If you keep dreaming big,

천재 정 2-2 **3** If he gets enough rest,

다락원 강 1-8 **4** If you hold your nose tight,

천재 이 2-3 **5** If you can't fall asleep easily,

동아 이 3-5 **6** If I were a bird,

지학사 민 3-7 **7** If I lived in a pueblo,

**실전
문제**

If you are interested
(~하면) 네가 상태라면 흥미있어진

in saving the planet, join us.
구하는 데에   그   행성을   함께해라 우리와

1 If you exercise every day, you will become healthier.
　접속사　　누가　　　한다　　　　　　부사
　　누가　　　　한다　　　　어떻게

2 If you keep dreaming big, your future will be bright.
　접속사　　누가　　　한다　　　무엇이　　　어떻게
　　　누가　　　　상태　　　　어떤

3 He will get better if he gets enough rest.
　　누가　　　한다　　　어떻게
　접속사　　누가　　　한다　　　무엇을

4 If you hold your nose tight, you can't taste the flavor well.
　접속사　　누가　　　한다　　　무엇이　　　어떻게
　　누가　　　한다　　　무엇을　　　부사

5 If you can't fall asleep easily, do something boring.
　접속사　　누가　　한다2　　어떻게　　　부사
　　한다　　　무엇을2

6 If I were a bird, I would fly.
접속사 누가　상태이다　어떤 , 누가　　한다

7 If you were my son, I would teach you.
　접속사　　누가　　　상태이다　　　어떤
　　누가　　　한다　　　무엇을

8 If I lived in a pueblo,
I would climb up a ladder to enter my house.

9 Cooking would be easier if you had a robot.

26
접속사
that

무료강의
bit.ly/3ww5fxv

누가　한다　무엇을

I think that I lost it.
아이　띵크　댙　아이　러스트　잍(트)
내가 생각한다 (~한다고) 내가 잃었다고 그것을

'누가-한다-무엇을'에서 '무엇을'을 '문장'으로 말할 때, '무엇을' 대신 'that+문장'을 쓴다. 이 때 that은 '~한다고'로 해석하고, 이어지는 '한다(동사)'에 '~다고'를 붙이면 된다.

that 뒤에 다시 '누가(I)-한다(lost)'나 '누가-상태이다'가 나오기 때문에, that을 생략해도 문장의 시작을 알 수 있다. 그래서 that을 생략하는 경우도 많다.

I think I lost it. (think 뒤에 that 생략)

나는 생각한다 내가(누가)-잃었다고(한다)-그것을(무엇을)

I think dog sledding is fun. (think 뒤에 that 생략)

나는 생각한다 개 썰매타기가(누가)-상태라고-재미있는(어떤)

'무엇을'로 'that+문장'을 자주 쓰는 '한다(동사)'로는 think생각한다, believe믿는다, know안다, say말한다, like좋아한다, care신경쓴다, see본다 등이 있다.

단어를 읽어 본다. 어렵다면 QR코드의 원어민MP3와 무료강의를 활용한다.

1 think [θiŋk/띵크] 생각한다

2 that 한 문장을, 저, 저 것
[ðæt/댙(ㅌ)]

3 thought 생각했다 (think의 과거)
[θɔːt/떨(ㅌ)]

4 lost 잃었다 (lose의 과거)
[lɔːst/러ㅅ트]

5 sled [sled/슬렌(ㄷ)] 썰매(탄다)

6 fun [fʌn/펀] 재미있는

7 great 멋진, 대단한
[greit/ㄱ뤠잍(ㅌ)]

8 ate [eit/에잍(ㅌ)] 먹었다 (eat의 과거)

9 too [tuː/투] 지나치게, ~도

10 much 많이, (양이) 많은
[mʌtʃ/머취]

11 yesterday 어제
[jéstərdèi/예스털데이]

12 people [píːpl/피플] 사람들

13 were [wər/월] 상태였다

14 dance [dæns/댄씨] 춤, 춤춘다

15 can [kæn/캔] ~할 수 있다

16 spread 퍼뜨린다, 펼친다
[spred/ㅅ프뤤(ㄷ)]

17 happiness 행복
[hæpinis/해피니ㅅ]

18 believe [bilíːv/빌리입(ㅂ)] 믿는다

19 a lot [ə lat/어랕(ㅌ)] 많이

20 many [méni/메니] (수가) 많은

21 said [sed/쎈(ㄷ)] 말했다 (say의 과거)

22 impossible 불가능한
[impɑ́səbl/임파써블]

23 found 찾았다 (find의 과거)
[faund/파운드]

24 genuine [dʒénjuin/쥐뉴인] 진짜인

25 satisfaction 만족
[sætisfǽkʃən/쌔티ㅅ팩션]

26 didn't ~하지 않았다 (don't의 과거)
[dídnt/디든(ㅌ)]

27 would ~할 것이었다 (will의 과거)
[wúd/웉(ㄷ)]

28 gimchi [gimtʃi/김취] 김치

29 if [if/이ㅍ] ~한다면

30 bird [bəːrd/벌ㄷ] 새

31 special [spéʃəl/ㅅ페셜] 특별한

32 wrong [rɔ́ːŋ/륑] 틀린

33 Korean 한국인, 한국의
[kəríːən/커뤼언]

34 fish [fiʃ/피쉬] 물고기

35 good [gud/굳(ㄷ)] 좋은

36 guard [gaːrd/갈ㄷ] 경비원

연습문제

that it was a great idea
= (~한다고) 그것이 상태였다고

비상 김 1-7　**1** that I ate too much yesterday

다락원 강 1-5　**2** that the people were dancing

능률 양 1-3　**3** that I can spread happiness

금성 최 1-6　**4** that they love Korea a lot

능률 김 1-5　**5** that it was impossible

능률 양 3-6　**6** that she found genuine satisfaction

천재 이 1-9　**7** (that) she would like gimchi

**실전
문제**

We thought that it was a great idea.
우리가 생각했다 (~한다고) 그것이 상태였다고 한 멋진 생각인

1 I think that I ate too much yesterday.
  누가   한다   무엇을
  누가   한다   부사   부사   부사

2 My friends thought that the people were dancing.
  누가   한다   무엇을
  누가   상태이다   어떤

3 I think that I can spread happiness.
  누가   한다   무엇을
  누가   한다   무엇을

4 I believe that they love Korea a lot.
  누가   한다   무엇을
  누가   한다   무엇을   부사

5 Many people said that it was impossible.
  누가   한다   무엇을
  누가   상태이다   어떤

6 He said that she found genuine satisfaction.
  누가   한다   무엇을
  누가   한다   무엇을

7 I didn't think she would like gimchi.
  누가   한다   누가   한다   무엇을

8 If you think this bird is special, you are wrong.

9 Koreans have thought that fish are good guards.

so~ that~은 '아주 ~해서 ~하게 된다', so that은 '~하기 위해'를 뜻한다.

누가 **상태이다** **어떤**
The dance is so popular
더 댄쓰 이즈 쏘 파퓰럴
그 춤은 상태이다 아주 인기있어서

누가 **한다** **무엇을**
that everybody learns it.
댙(ㅌ) 에브뤼바디 러언즈 잍(ㅌ)
~하게된다 모두가 배우게된다 그것을

무료강의
bit.ly/3ww5fxv

p.136 정답
1 (~한다고) 내가 먹었다고
2 (~한다고) 그 사람들이 상태였다고
3 (~한다고) 내가 펼칠 수 있다고
4 (~한다고) 그들이 사랑한다고
5 (~한다고) 그것이 상태였다고
6 (~한다고) 그녀가 찾았다고
7 ((~한다고)) 그녀가 좋아할 것이라고

p.137 정답
1 내가 생각한다 (~한다고) 내가 먹었다고 너무 많이 어제
2 나의 친구들이 생각했다 (~한다고) 그 사람들이 상태였다고 춤추는 중인
3 내가 생각한다 (~한다고) 내가 퍼뜨릴 수 있다고 행복을
4 내가 믿는다 (~한다고) 그들이 사랑한다고 한국을 많이
5 많은 사람들이 말했다 (~한다고) 그것이 상태였다고 불가능한
6 그가 말했다 (~한다고) 그녀가 찾았다고 진짜 만족을
7 내가 생각하지 않았다 그녀가 좋아할 것이라고 김치를
8 (~하면) 네가 생각하면 이 새가 상태라고 특별한, 네가 상태이다 틀린
9 한국 사람들이 과거에 생각해서 현재 생각한 상태다 (~한다고) 물고기들이 상태라고 좋은 경비들인

so는 '아주 ~해서(원인)'를 뜻하는 '부사'이다. so popular는 '아주 인기 있어서'이다. 이후에 'that+문장'을 쓰면 '(그래서) ~하게 된다(결과)'를 뜻한다. 해석할 때 '~하게 된다'는 'that+문장'의 '한다/상태이다(learn)'에 붙인다(배우게 된다).

이처럼 'so+형용사(/부사) that+문장'은 '아주(so) ~해서(형용사/부사) ~(that+문장)하게 된다'이다.

The movie is so boring that I want to cry.
그 영화는 상태이다 아주 지루해서 나는 원하게 된다 우는 것을

so that이 붙어 있으면 '~(that+문장)하기 위해'이다.
People cut down trees so that they could build cities.
사람들은 잘라냈다 나무들을 그들이 지을 수 있기 위해 도시들을

could는 현재에 쓰면 '~할 수도 있다'로 can의 뜻을 약하게 한 것이지만, 과거에 쓰면 '~할 수 있었다'를 뜻한다.
참고로 could를 과거로 썼다는 증거는 그 문장의 다른 동사나 시간 관련 부사(yesterday 등)로 알 수 있는데, 이 문장에서 동사인 cut은 현재와 과거의 형태가 같으므로, 이 문장만 봐서는 could를 현재에 썼는지 과거에 썼는지 알 수 없다.

단어를 읽어 본다. 어렵다면 QR코드의 원어민MP3와 무료강의를 활용한다.

1 so [souː/쏘우] 아주

2 popular 인기있는 [pάpjulər/파퓰럴]

3 so~ that~ 아주 ~해서 ~가 된다 [souː ðæt/쏘우 댙(ㅌ)]

4 so that ~하기 위해 [souː ðæt/쏘우 댙(ㅌ)]

5 everybody 모든 사람 [èvribάdi/에브뤼바디]

6 learn [ləːrn/럴언] 배운다

7 movie [múːvi/무비] 영화

8 bore [bɔːr/보얼] 지루하게 한다

9 cry [krai/ㅋ롸이] 운다

10 could ~할 수도 있다 (can의 과거) [kud/쿧(ㄷ)]

11 worried 걱정 되는 [wə́ːrid/워륃(ㄷ)]

12 can't [kænt/캔ㅌ] ~할 수 없다

13 delicious 맛있는 [dilíʃəs/딜리셔ㅅ]

14 all [ɔːl/얼] 모든

15 scene [siːn/씬] 장면

16 beautiful 아름다운 [bjúːtifəl/뷰티펄]

17 never 절대 ~하지 않는다 [névər/네벌]

18 forget [fərgét/펄겥(ㅌ)] 잊는다

19 practice 연습한다 [prǽktis/프뢕티씨]

20 guitar [gitάːr/기탈] 기타 (악기)

21 play [plei/플레이] 연주한다, 논다

22 song [sɔ́ːŋ/쏭] 곡

23 bag [bæg/백(ㄱ)] 가방

24 comfortably 편안하게 [kʌ́mfərtəbli/컴펄터블리]

25 excited 흥미있어진 [iksάitid/익싸이틷(ㄷ)]

26 forgot 잊었다 (forget의 과거) [fərgάt/펄갇(ㅌ)]

27 warning [wɔ́ːrniŋ/월닝] 경고

28 shoe [ʃuː/슈] 신발

29 uncomfortable 불편한 [ənkə'mfərtəbl/언컴펄터블]

30 well [wel/웰] 잘, 좋게

31 flower [fláuər/플라월] 꽃

32 open [óupn/오우픈] 열다, 열린

33 lots of [lats əv/랕ㅊ 업(ㅂ)] 많은

34 sunlight [sə̀nláit/썬라잍(ㅌ)] 햇빛

35 soup [suːp/쑾(ㅍ)] 수프

36 get [get/겥(ㅌ)] 생긴다

**연습
문제** so happy that he jumped

= 아주 행복해서 펄쩍뛰게 됐다

금성 최 3-5 **1** so worried that I can't sleep

와이비엠 박 2-5 **2** so delicious that we all enjoyed

천재 이 3-8 **3** so beautiful that you will never forget

다락원 강 2-1 **4** so that I can play

천재 이 3-4 **5** so that I could walk

동아 윤 2-6 **6** so excited that he forgot

천재 정 2-8 **7** so uncomfortable that she couldn't walk

실전
문제

He was so happy
그는 상태였다 아주 행복해서

that he jumped.
(~하게 된다) 그는 펄쩍뛰게 됐다

1 I'm so worried that I can't sleep at night.
누가+상태이다   부사   어떤
부사(that)   누가   한다   전치사+명사

2 It was so delicious that we all enjoyed it.
누가   상태이다   부사   어떤
부사(that)   누가   한다   무엇을

3 The scene is so beautiful that you will never forget it.
누가   상태이다   부사   어떤
부사(that)   누가   한다   무엇을

4 I will practice the guitar so that I can play some popular songs.
누가   한다   무엇을   부사
누가   한다   무엇을

5 She took my school bag so that I could walk more comfortably.
누가   한다   무엇을   부사
누가   한다   부사   부사

6 He was so excited that he forgot his father's warning.
누가   상태이다   부사   어떤
부사(that)   누가   한다   무엇을

7 The shoes were so uncomfortable that she couldn't walk well.
누가   상태이다   부사   어떤
부사(that)   누가   한다   부사

8 This flower opens up so that it can get lots of sunlight.

9 My father made me chicken soup so that I could get well.

28
it~ to~
구문

무료강의
bit.ly/3ww5fxv

p.140 정답
1 아주 걱정돼서 잘 수 없게 된다
2 아주 맛있어서 즐기게 됐다
3 아주 아름다워서 절대 잊을 수 없게 될 것이다
4 연주할 수 있기 위해
5 걸을 수 있기 위해
6 아주 흥분해서 잊게 됐다
7 아주 불편해서 걸을 수 없게 됐다

p.141 정답
1 내가 상태이다 아주 걱정돼서 (~하게 된다) 내가 잘 수 없게 된다 밤에
2 그것이 상태였다 아주 맛있어서 (~하게 된다) 우리 모두가 즐기게 됐다 그것을
3 그 장면이 상태이다 아주 아름다워서 (~하게 된다) 네가 절대 잊지 못하게 될 것이다 그것을
4 내가 연습할 것이다 그 기타를 (~하기 위해) 내가 연주할 수 있기 위해 약간의 인기있는 노래들을
5 그녀가 가져갔다 나의 학교 가방을 (~하기 위해) 내가 걸을 수 있기 위해 더 편하게·
6 그가 상태였다 아주 흥분해서 (~하게 됐다) 그는 잊게 됐다 그의 아버지의 경고를
7 그 신발들은 상태였다 아주 불편해서 (~하게 됐다) 그녀가 걸을 수 없게 됐다 잘
8 이 꽃은 핀다(/열린다) (~하기 위해) 그것이 생길 수 있기 위해 많은 햇빛이
9 나의 아버지가 만들었다 나에게 닭 수프를 (~하기 위해) 내가 생길(될) 수 있기 위해 좋게

누가 / 상태이다 / 어떤
It was fun to work together.
잍(ㅌ) 워즈 펀 투 월크 투게덜
그것이 상태였다 재미있는 (그것이 뭐냐면) 일하는 것이 함께

it으로 시작하게 만들기 전의 문장은 'To work together was fun.'이다. 그런데 '누가'가 짧을수록 '누가-상태이다-어떤'의 구조가 더 쉽게 보여지므로 뜻을 잘 알 수 있다. to work together 대신 it을 써서 'It was fun to work together'로 쓸 수 있다. 이 때의 'to+동사'는 '~하는 것은'으로 해석한다. to work는 '일하는 것은'이다.

이처럼 'to+동사'를 '명사'로 쓸 때, 'to+동사' 대신에 it을 쓰고, 'to+동사'는 문장의 뒤로 보낼 수 있다.

It's exciting to watch a magic show. (it = to watch a magic show)
그것이 상태이다 흥미있게 하는 (그것이 뭐냐면) 마술쇼를 보는 것이

참고 it을 가짜 주어라고 하여 '가주어', 'to+동사'를 진짜 주어라고 하여 '진주어'라고 한다.

It is difficult for me to choose one.
그것이 상태이다 어려운 (그것이 뭐냐면) 내가 하나를 고르는 것이

하나를 고르는 것(to choose one)을 누가 하는지는 'for+명사(for me)'를 써서 나타낼 수 있다. 이처럼 'for+명사'로 'to+동사'를 하는 사람을 나타낼 수 있다.

준비
운동

단어를 읽어 본다. 어렵다면 QR코드의 원어민MP3와 무료강의를 활용한다.

1 work [wəːrk/월ㅋ] 일, 일한다

2 together [təɡéðər/투게덜] 함께

3 exciting 흥미진진하게하는 [iksáitiŋ/익싸이팅]

4 show [ʃou/쇼우] 보여준다, 공연

5 choose [tʃuːz/츄지] 고른다

6 one [wʌn/원] 한 물건, 한 사람

7 for [fɔ́ːr/폴] ~를 위해

8 team [tiːm/팀] 팀

9 difficult [dífikʌlt/디피컬ㅌ] 어려운

10 walk [wɔːk/웤(ㅋ)] 걷는다

11 Earth [əːrθ/얼ㄸ] 지구

12 hurt [həːrt/헐ㅌ] 아픈, 아프게 한다

13 others 다른 사람들, 다른 것들 [ʌðərs/어덜ㅅ]

14 feeling [fíːliŋ/필링] 느낌

15 just [dʒʌst/져ㅅㅌ] 단지

16 amazing 놀랍게 하는 중인 [əméiziŋ/어메이징]

17 ring [riŋ/륑] 반지

18 important 중요한 [impɔ́ːrtənt/임폴턴ㅌ]

19 understand 이해한다 [ʌndərstǽnd/언덜ㅅ탠ㄷ]

20 role [roul/로울] 역할

21 mudflat [mʌdflæt/멀플랱(ㅌ)] 갯벌

22 by [bai/바이] ~에 의해

23 hand [hænd/핸ㄷ] 손

24 well [wel/웰] 잘

25 at first 처음에는 [æt fəːrst/앹 펄ㅅㅌ]

26 nice [nais/나이씨] 좋은, 친절한

27 relax [rilǽks/륄랙씨] 휴식한다

28 in [in/인] ~ 안에

29 cafe [kæféi/캐페이] 카페

30 hard [haːrd/할ㄷ] 어려운, 딱딱한

31 impossible 불가능한 [impɑ́səbl/임파써블]

32 catch [kætʃ/캐취] 잡는다

33 any [éni/에니] (약간의) 어떤

34 fish [fiʃ/피쉬] 물고기(들)

35 best [best/베ㅅㅌ] 최고의

36 idea [aidíːa/아이디아] 생각

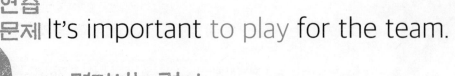

연습
문제 It's important to play for the team.

= 경기하는 것이

동아 윤 2-7　1　It's difficult to walk on Earth.

금성 최 2-6　2　It is bad to hurt others' feelings.

미래엔 최 2-3　3　It was just amazing to see the ring.

와이비엠 박 2-6　4　It is important to understand the roles
of mudflats.

천재 정 2-7　5　It is not easy to write by hand well at first.

능률 김 2-6　6　It was nice to relax in a cafe and read
them.

와이비엠 송 2-7　7　It is hard to believe that you can
understand us.

뜻을 모르는 단어는 이전 페이지(p.143)를 참고하여 해석하시오.

실전 문제

It's important
그것이 상태이다 중요한

to play for the team.
경기하는 것이   그 팀을 위해

---

1 It's difficult to walk on Earth.

누가+상태이다   어떤   누가   누가

2 It is bad to hurt others' feelings.

누가   상태이다   어떤   누가   누가

3 It was just amazing to see the ring.

누가   상태이다   부사   어떤   누가   누가

4 It is important to understand the roles of mudflats.

누가   상태이다   어떤   누가   누가   누가

5 It is not easy to write by hand well at first.

누가   상태이다   어떤
누가   누가   누가   누가

6 It was nice to relax in a cafe and read them.

누가   상태이다   어떤   누가
누가   누가   누가   누가

7 It is hard to believe that you can understand us.

누가   상태이다   어떤
누가   누가   누가   누가   누가

8 It was impossible for him to catch any fish.

9 It was not easy for us to choose the best idea.

145

왕이 백성을 가난에서 구하는 한 문장

1 remaining 남아있는
[riméiniŋ/뤼메이닝]

2 go back 돌아간다
[gou bæk/고우 백(ㅋ)]

3 return 돌아온다
[ritə́:rn/뤼털언]

4 brief 간단한
[bri:f/브뤼ㅍ]

5 text 글
[tekst/텍ㅅㅌ]

6 reduce 줄인다
[ridjú:s/뤼듀ㅅ]

7 aged 나이든
[eidʒd/에이쥗(ㄷ)]

8 spoke 말했다
[spouk/ㅅ포우크]

9 prideful 교만한
[práidfl/ㅍ롸읻플]

10 voice 목소리
[vɔis/보이ㅆ]

11 eliminate 제거한다
[ilíminèit/일리미네잍(ㅌ)]

12 condense 압축한다
[kəndéns/컨덴ㅆ]

13 scepter 왕이 드는 막대기
[séptər/쎕털]

14 crossbow 석궁(장치로쏘는활)
[krɔ́:sbòu/ㅋ뤄ㅆ보우]

15 brought 가져왔다
[brɔːt/브뤌(ㅌ)]

16 down 아래로
[daun/다운]

17 almost 거의
[ɔ́:lmoust/얼모우ㅅㅌ]

18 die 죽는다
[dai/다이]

19 remain 남아있다
[riméin/뤼메인]

20 alive 살아있는
[əláiv/얼라이ㅂ]

21 well known 잘 알려진
[wel noun/웰 노운]

22 as ~로서
[ǽz/애ㅈ]

23 wisdom 지혜
[wízdəm/위ㅈ덤]

24 useless 쓸모 없는
[júːslis/유슬리ㅆ]

25 character 글자, 특징
[kǽriktər/캐릭털]

26 single 단 하나인
[síŋgl/씽글]

27 sentence 문장
[séntəns/쎈턴ㅅ]

28 last 마지막
[læst/래ㅅ트]

29 afraid 두려운
[əfréid/어ㅍ뤠이드]

30 tremble 떤다
[trémbl/ㅌ뤰블]

31 your majesty 폐하
[júər mǽdʒəsti/유얼 매져ㅅ티]

32 easily 쉽게
[íːzili/이질리]

33 remember 기억한다
[rimémbər/뤼멤벌]

34 necessary 꼭 필요한
[nésəsèri/네써쎄뤼]

35 put on 적는다, 입는다
[put ən/풑 언]

36 paper 종이
[péipər/페이펄]

37 true 진실인
[tru:/ㅌ루]

38 disputed 논쟁이 된
[dispjútid/디ㅅ퓨팉]

146

The king said to the half of the remaining economists "Go back. And do not return before you give me a really brief text on economics.[24]"

The economists studied a lot to reduce the books.[22] Another year passed. They returned. The most aged economist spoke with prideful voice: "At last, we have the teaching. We have reduced 63 books by eliminating the graphs and charts and condensed it to one book[23]". But the king was so angry that he raised his scepter and brought it down.[23/27] Then, the guards shot them with their crossbows. And almost all of the economists died. Only one remained alive.[15] He was well known as a man of a lot of wisdom.

The king said that, "The book is useless because most people don't know characters.[24/26] If you can't reduce it to a single sentence, you will die[25]".

The last economist was very afraid of the king. After a year, trembling, he went to the throne, and spoke: "Your majesty, I have reduced the book to a single sentence. It's so easily remembered that it was not necessary to put it on paper.[27/28] You will find my text a true one, and not to be disputed."

뒤에서 얘기하는 사람들을
신경쓰지 마라.

그것은
그들이 당신 뒤에 있는 이유이다.

복싱 3체급 챔피언, 라이트급 통합 챔피언
바실 로마첸코
〈1988 ~ 〉

이 책을 익힌 분들은 이미 앞서 나가고 있습니다.

29
주격 관계대명사

무료강의
bit.ly/3ww5fxv

누가　상태이다　어떤
They are the people
데이　얼　더　피플
그들이 상태이다 그 사람들인

누가　한다　무엇을
who take part in the movie.
후　테익(ㅋ)　팔트　인　더　무비
그 사람들이 가져간다 부분(역할)을 그 영화 안에서

'명사(people)'가 누구인지 문장으로 설명하려고 'who'를 썼다. 그러면 the people이 who로 들어가서 who부터 문장이 시작한다.
who(누가, the people) take(한다) part(무엇을)
who는 '누가'를 대신하므로 '그 사람들이'로 해석한다.

참고 관계대명사로 들어가는 명사(the people)를 '선행사'라고 한다.

사람을 문장으로 설명할 때 쓰는 who는 'who+문장(종속절)'에서 '누가'나 '무엇을'이 될 수 있는데, 이 단원에서는 '누가'가 되는 경우만 나온다. who가 '무엇을'인 경우는 다음 단원(p.154)을 참고한다.

A plantain is a fruit which looks like a banana.
플랜테인은 상태이다 한 과일인 그 과일이 보인다 한 바나나처럼
과일(a fruit)을 문장으로 설명하려고 which를 썼다. 이처럼 사물을 문장으로 설명할 때는 which를 쓴다. a fruit이 which로 들어가서 which부터 문장이 시작한다:
which(누가, a fruit) looks(한다) like a banana(어떻게).
which는 '그 과일이'로 해석한다.

참고 look은 감각 관련한 동사라서(p.86) 마치 be동사처럼 쓴다. 그래서 바로 뒤에 '무엇을'이 없이 '전치사+명사(like a banana)'를 쓸 수 있다.

p.144 정답
1 걷는 것이
2 아프게 하는 것이
3 보는 것이
4 이해하는 것이
5 쓰는 것이
6 휴식하는 것이
7 믿는 것이

p.145 정답
1 그것이 상태이다 어려운 걷는 것이 지구에 접촉해서
2 그것이 상태이다 나쁜 아프게 하는 것이 다른 사람들의 감정들을
3 그것이 상태였다 단지 놀랍게 하는 중인 보는 것이 그 반지를
4 그것이 상태이다 중요한 이해하는 것이 그 역할들을 갯벌들의
5 그것이 상태가 아니다 쉬운 쓰는 것이 손에 의해 잘 처음에
6 그것이 상태였다 좋은 휴식 하는 것이 한 카페 안에서 그리고 읽는 것은 그것들을
7 그것이 상태이다 어려운 믿는 것이 한 문장을 네가 이해한다는 것을 우리를
8 그것이 상태였다 불가능한 그가 잡는 것이 약간의(/어떤) 물고기들을
9 그것이 상태가 아니었다 쉬운 우리가 고르는 것이 그 최고의 생각을

단어를 읽어 본다. 어렵다면 QR코드의 원어민MP3와 무료강의를 활용한다.

준비
운동

1 who [hu:/후] (그) 누구

2 part [pa:rt/팔트] 부분

3 plantain 플랜틴 (바나나 종류의 식물)
[plǽntən/플랜틴]

4 fruit [fru:t/프룉(ㅌ)] 과일

5 which [witʃ/위취] (그) 어떤 것

6 banana [bənǽnə/버내너] 바나나

7 like [laik/라잌(ㅋ)] 좋아한다, ~처럼

8 little [lítl/리틀] 작은

9 boy [bɔi/보이] 소년

10 live [liv/립(ㅂ)] 산다

11 next to [nekst tu/넥쓰투] ~옆에

12 nursing home 양로원
[nə́:rsiŋ houm/널씽 호움]

13 stretch (몸을) 늘인다
[stretʃ/ㅅ트뤹취]

14 exercise 운동
[éksərsàiz/엑썰싸이즈]

15 cheering 환호하는
[tʃíəriŋ/취어륑]

16 excitedly 흥분해서
[iksáitidli/잌싸이티들리]

17 interview 면담(한다)
[íntərvjù:/인털뷰]

18 there [ðéər/데얼] 거기에서

19 knock [nak/낙(ㅋ)] 노크한다

20 window [wíndou/윈도우] 창문

21 pea [pi:/피] 완두콩

22 told 말했다 (tell의 과거)
[tould/토울드]

23 teacher [tí:tʃər/티철] 선생님

24 very [véri/베뤼] 아주

25 strict [strikt/ㅅ트뤽트] 엄격한

26 other [ʌðər/어덜] 다른

27 country [kʌntri/컨트뤼] 나라

28 tip [tip/팊(ㅍ)] 조언

29 helpful 도움이 되는
[hélpful/헲풀]

30 global [glóubəl/글로우벌] 세계적인

31 citizen [sítəzən/씨티즌] 시민

32 different [dífərənt/디퍼뤈트] 다른

33 culture [kʌltʃər/컬철] 문화

34 coworker 동료
[kóuwə̀:rkər/코우월컬]

35 special [spéʃəl/ㅅ페셜] 특별한

36 talent [tǽlənt/탤런트] 재능

**연습
문제** He was a little boy who lived next to a nursing home. = 그 작은 소년이

능률 양 2-5   **1** I'm not a person who likes stretching exercises.

비상 김 2-4   **2** I know people who are cheering excitedly.

천재 이 2-8   **3** I interviewed the people who work there.

다락원 강 2-5   **4** I know a woman who is knocking on windows with peas.

금성 최 2-6   **5** He told the teacher who was very strict.

능률 김 2-2   **6** I know many students who live in other countries.

지학사 민 2-2   **7** I know some tips which can be helpful.

뜻을 모르는 단어는 이전 페이지(p.151)를 참고하여 해석하시오.

실전 문제

He was a little boy who
그가 상태였다 한 작은 소년인 **그 작은 소년이**

lived next to a nursing home.
살았다 **한 양로원 옆에**

1 I'm not a person who likes stretching exercises.
누가+상태이다   어떤   누가   한다   무엇을

2 I know people who are cheering excitedly.
누가   한다   무엇을
누가   상태이다   어떤   부사

3 I interviewed the people who work there.
누가   한다   무엇을   누가   한다   부사

4 I know a woman who is knocking on windows with peas.
누가   한다   무엇을   누가   상태이다
어떤   전치사+명사   전치사+명사

5 He told the teacher who was very strict.
누가   한다   누구에게
누가   상태이다   부사+어떤

6 I know many students who live in other countries.
누가   한다   무엇을
누가   한다   전치사+명사

7 I know some tips which can be helpful.
누가   한다   무엇을
누가   상태이다   어떤

8 Global citizens are people who know different cultures.

9 She told me about her coworkers who had special talents.

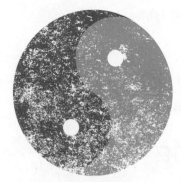

30
목적격
관계대명사

무료강의
bit.ly/3ww5fxv

who/which 바로 다음에 '명사'가 나오면 '무엇을'을 뜻한다.

누가 **한다** **어떻게**
I will become a player
아이 윌 비컴 어 플레이얼
내가 될것이다 한 경기자가

무엇을 **누가** **한다**
who people like.
후 피플 라익(ㅋ)
그 경기자를 사람들이 좋아한다

a player(선행사)를 문장으로 설명하려고 who를 썼다. a player는 who로 들어가서 이후에는 who가 a player가 된다. 다만 여기서 who는 '무엇을'을 대신한다. 그래서 의미상 people(누가)-like(한다)-who(무엇을)이 된다. who는 '그 경기자를'로 해석한다. 'who+문장'에서 who의 해석은 who 바로 뒤에 '한다'가 나오면 '누가'로, '누가(명사)'가 나오면 '무엇을'로 한다.

I have two stories which I read yesterday.
내가 가진다 두 이야기들을 그 두 이야기들을 내가 읽었다 어제

이야기들(stories)은 사물이므로 which로 받아서 설명하는 문장(I read yesterday)을 쓴다. which는 '그 두 이야기들을'로 해석한다.

that은 사람/사물 관계 없이 모두 쓸 수 있다.
I will become a player that people like. (a player, 사람 = that)
I have two stories that I read yesterday. (two stories, 사물 = that)

Scientists (who were studying crows) did an experiment.
과학자들이 (그 과학자들이 연구하는 중이다 까마귀들을) 했다 한 실험을

Scientists를 문장으로 설명하려고 who를 썼는데 who were studying crows가 '누가(Scientist)'와 '한다(did)' 사이에 삽입됐다. 여기에서 'who+문장'을 괄호로 묶어 구조를 볼 수 있게 연습해야 한다. (p.157 7~9번 문제)

단어를 읽어 본다. 어렵다면 QR코드의 원어민MP3와 무료강의를 활용한다.

준비
운동

1 will [wíl/윌] ~할 것이다

2 become [bikʌ́m/비컴] 된다

3 player [pléiər/플레이얼] 경기자

4 scientist 과학자
[sáiəntist/싸이언티ㅅㅌ]

5 crow [krou/ㅋ로우] 까마귀

6 experiment 실험
[ikspérəmənt/익쓰페러먼ㅌ]

7 award [əwɔ́ːrd/어월드] 상

8 which [witʃ/위취] (그) 어떤 것

9 won 이겼다, 따냈다 (win의 과거)
[wʌn/원]

10 person [pə́ːrsn/펄쓴] 사람들

11 respect 존경한다, 존중한다
[rispékt/뤼스펙ㅌ]

12 reason [ríːzn/뤼즌] 이유

13 website (인터넷) 홈페이지
[websait/웹싸읱(ㅌ)]

14 look for ~를 찾는다
[luk fɔ́ːr/룩 폴]

15 five [faiv/파이브] 다섯(의)

16 fact [fækt/팩ㅌ] 사실

17 about [əbáut/어바웉(ㅌ)] ~에 대해

18 space [speis/ㅅ페이씨] 우주

19 from [frəm/ㅍ럼] (출발은) ~로부터

20 Korea [kəríːa/커뤼아] 한국

21 cook [kuk/쿡(ㅋ)] 요리한다

22 for [fɔ́ːr/폴] ~를 위해

23 dollar [dɑ́lər/달럴] 달러 (돈의 단위)

24 use [juːz/유지] 사용한다

25 show [ʃou/쑈우] 보여준다, 공연

26 anyone [éniwʌn/에니원] 누구든

27 paint [peint/페인ㅌ] 칠한다

28 join [dʒɔin/죠인] 함께한다, 가입한다

29 another 다른 하나의
[ənʌ́ðər/어너덜]

30 problem [prɑ́bləm/ㅍ롸블럼] 문제

31 neck [nek/넥(ㅋ)] 목

32 pain [pein/페인] 고통

33 dress [dres/ㄷ뤠씨] 드레스

34 wore [wɔːr/월] 입었다 (wear의 과거)

35 famous [féiməs/페이머ㅅ] 유명한

36 today [tudéi/투데이] 오늘, 오늘날

연습 문제 "Best Picture" is the award which the movie won. = **그 상을**

미래엔 최 2-4 **1** He was the person who she respected.

비상 김 2-5 **2** I know the reason that we don't know about.

금성 최 2-7 **3** This is the website that you are looking for.

다락원 강 3-3 **4** I know five facts which you don't know about space food.

천재 이 2-11 **5** We make the dolls which we will use in the show.

와이비엠 송 2-6 **6** It was from Korean food that she was cooking for us.

와이비엠 송 2-3 **7** Anyone who likes to paint can join.

정답은 세 쪽 뒤에 있습니다.

뜻을 모르는 단어는 이전 페이지(p.155)를 참고하여 해석하시오.

실전
문제

"Best Picture" is the award
"최고의 작품"이　　상태이다　　그 상인

which the movie won.
그 상을　　그　　영화가　수상했다

1 He was the person **who** she respected.
　누가　　상태이다　　　어떤　　무엇을　　누가　　한다

2 I know the reason **that** we don't know **about**.
　누가　　한다　　　무엇을　　　　무엇을
　　누가　　　한다　　　전치사+(무엇을)

3 This is the website **that** you are looking for.
　누가　　상태이다　　　어떤　　　　무엇을
　　누가　　　상태이다　　　어떤+전치사

4 I know five facts **which** you don't know **about** space food.
　누가　　한다　　　무엇을　　　무엇을
　　누가　　　한다　　　전치사+명사

5 We make the dolls **which** we will use in the show.
　누가　　한다　　무엇을　　　무엇을
　　누가　　　한다　　　전치사+명사

6 It was from Korean food **that** she was cooking for us.
　누가　　상태이다　　　어떤　　　　무엇을
　　누가　　　상태이다　　　어떤　　전치사+명사

7 Anyone **who** likes to paint can join.
　누가　　（　누가　　한다
　　무엇을　　）　　한다

8 Another problem **which** you can have is neck pain.

9 The dress **which** she wore in a movie is famous today.

157

정답은 두 쪽 뒤에 있습니다.

왕이 백성을 가난에서 구하는 한 문장

1 **on** 계속해서, ~에 접촉해서
[ən/언]

2 **palace** 궁전
[pǽlis/팰리씨]

3 **aim** 겨냥한다
[eim/에임]

4 **crossbow** 석궁(장치로 쏘는 활)
[krɔ́:sbòu/크뤄ㅆ보우]

5 **rose** 일어났다
[rouz/로우즈]

6 **face** 얼굴
[feis/페이ㅆ]

7 **face to face** 대면해서
[feis tu feis/페이ㅆ 투 페이ㅆ]

8 **sire** 폐하
[saiər/싸이얼]

9 **eight** 8인
[eit/에잍(ㅌ)]

10 **word** 단어
[wə:rd/월드]

11 **reveal** 드러낸다
[rivíːl/뤼빌]

12 **wisdom** 지혜
[wízdəm/위ㅈ덤]

13 **condense** 압축한다
[kəndéns/컨덴ㅆ]

14 **through** ~을 통해, ~내내
[θru:/뜨루]

15 **these** 이, 이것들
[ðiːz/디즈]

16 **writing** 글
[ráitiŋ/롸이팅]

17 **once** (예전에) 한 번
[wʌns/원ㅆ]

18 **show** 보여준다
[ʃou/쇼우]

19 **here is** 여기에 ~이 있다
[hiər íz/히얼 이즈]

20 **there is** 거기에 ~이 있다
[ðéər íz/데얼 이즈]

21 **there** 거기
[ðéər/데얼]

22 **here** 여기
[hiər/히얼]

23 **ain't** 'be not'을 줄인 은어
[eint/에인ㅌ]

24 **such** 그런
[səʧ:/써춰]

25 **thing** 것, 물건
[θiŋ/띵]

26 **as** ~로서
[æz/애지]

27 **free** 공짜인, 자유로운
[fri:/프뤼]

28 **lunch** 점심 식사
[lʌnʧ/런취]

The king said "Speak on," and the palace guards aimed their crossbows.

But the economist rose, stood face to face with the king, and said "Sire, in eight words, I will reveal to you all the wisdom which I have condensed through all these years from all the writings of all the economists who once showed their studies in your kingdom.[23/29/30] Here is my text:

"There ain't no such thing as a free lunch."

p.156 정답
1 그 사람을
2 그 이유를
3 그 홈페이지를
4 그 다섯 개의 사실들을
5 그 인형들을
6 그 한국 음식을
7 그 누군가는

p.157 정답
1 그가 상태였다 그 사람인 그 사람을 그녀가 존경했다
2 내가 안다 그 이유를 그 이유를 우리가 알지 않는다 (그 이유에) 대해서
3 이것이 상태이다 그 홈페이지인 그 홈페이지를 네가 상태이다 찾는 중인
4 내가 안다 다섯 개의 사실들을 그 다섯 개의 사실들을 네가 모른다 우주 음식에 대해
5 우리가 만든다 그 인형들을 그 인형들을 우리가 사용할 것이다 그 공연 안에서
6 그것이 상태였다 한국 음식으로부터인 그 한국 음식을 그녀가 상태이다 요리하는 중인 우리를 위해
7 누구든지 (그 누구가 좋아한다 그림 그리는 것을) 함께 할 수 있다
8 다른 하나의 문제가 (그 문제를 네가 가질 수 있다) 상태이다 목의 고통인
9 그 드레스가 (그 드레스를 그녀가 입었다 한 영화 안에서) 상태이다 유명한 오늘날

에필로그

부자 되는 데 가장 중요한 말이 'There ain't no such thing as a free lunch'일까?

오늘 공부를 안 하고 노는 것은 공짜가 아닙니다. 내일 시험의 낮은 점수가 그 대가일 수 있습니다. 잠을 줄여서 공부하면 공부를 잘하게 된 대신 몸이 아파질 수 있고, 잠을 너무 많이 자면 공부를 못하게 될 수도 있습니다.

이처럼 모든 일은 어떻게든 돌려 받게 되어 있으니 '세상에 공짜는 없다'라는 말이 맞다고 생각합니다. 이 말을 염두에 두고 산다면 '이 행동의 대가는 무엇일지' 고민하게 될 것입니다.

느부갓네살 왕은 기원전 600년 경에 바벨론을 다스린 왕입니다. 성경의 다니엘 4장에 등장하는데, 교만에 빠져 왕궁에서 쫓겨나 7년 간 들에서 동물처럼 생활합니다. 이후에 회개하고 하나님의 존재를 깨달은 후 다시 왕궁으로 오게 됩니다. 이 책에 수록된 이야기는 느부갓네살 왕이 다시 왕궁으로 돌아왔을 때의 일로 보입니다. 유명한 일화지만, 구전으로 전해지는 이야기라 실제 있었던 일인지는 알 수 없습니다.

책의 맨 앞에 수록된 만화는 역사적 배경에 근거했지만 지어낸 이야기입니다. 박연은 네덜란드 사람으로 조선에 귀화한 최초의 유럽인입니다. 한국에 1627년에 상륙했으며, 당시 30대 초반이었습니다. 네덜란드로 돌아가고 싶어했지만 나라에서 허락하지 않았습니다. 결국 조선에 귀화하고 결혼해서 1남 1녀를 두었습니다. 늦게 결혼했기에 부인은 과부가 되어 아이를 홀로 키웠을 것입니다. 이후 박연의 후손이 어떻게 됐는지의 기록은 없습니다. 다만, 그 옛날에 단일 민족인 한국에서, 다른 외모 때문에 크게 차별 받으면서 살았을 것입니다.

참고로 네덜란드는 영국과의 교류가 잦아 1600년대에도 암스테르담에서는 영어를 많이 썼습니다. 박연은 암스테르담 근방(De Rijp, 드 레이프)에 살아서 영어를 할 줄 알았을 것입니다.

현종이 통치(1659~1674)할 무렵 청나라의 침략(병자호란)과 천연두(전염병)가 휩쓸고 간 이후라 백성들은 극심한 고통을 겪고 있었습니다. 만약 그 시대에 '세상에 공짜는 없다'는 문장을 백성에게 알렸다면 정말 백성을 가난에서 구할 수 있었을까요?

1919년 '대한(조선)독립 만세'를 외치며 한국은 독립했습니다. 1960년 대에 '아들 딸 구별 말고, 둘만 낳아 잘 기르자'라는 표어로 인구가 많이 줄었고, 2014년 세월호 참사에서 '진실은 침몰하지 않는다'라는 구호로 세상에 큰 변화가 있었습니다. 이처럼 한 문장이 세상을 바꿀 수 있습니다. 어떤 일의 핵심이 담긴 '한 문장'이 있으면 더 많은 공감을 얻을 수 있습니다. 참고로 마이클리시 출판사의 표어는 '즐거운 영어, 올바른 성품' 입니다.

책의 주인공인 박연의 아들은 영어를 배우고 느부갓네살 왕의 이야기를 해석하여 조복양의 딸과 땅 1만 평을 얻었을 것입니다. 그리고 이 책을 배운 학생들도 영어가 삶을 풍요롭게 할 것입니다. 학교시험에서 좋은 성적을 얻게 해줄 것이고, 사회에서도 영어를 활용해 많은 일을 할 수 있게 되고, 외국에서도 활동하며 느낄 수 있게 해줄 것입니다. 어쩌면 영어는 1만평의 땅보다 더 큰 보물일 수 있습니다. ●

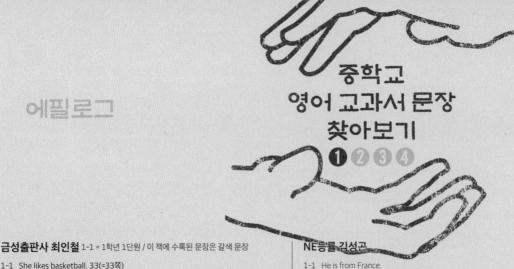

에필로그

중학교 영어 교과서 문장 찾아보기 ❶ ❷ ❸ ❹

능률 양현권

I enjoy writing.66
This is FC Real, my favorite soccer team.
Are you going to go rock-climbing?
Do you want to learn some magic tricks?109
I think that I can spread happiness.137
I must give honest thanks.
I caught a ferry to get to Jejudo.118
How fresh the salad is!
Sea animals come close and become food.125
When an owl hears something, it moves its face feathers.129
You are not too young.
I'll give them the money.93
The king was walking in the garden.61
That old tree looks so ugly, doesn't it?
It is famous for the coldest winter in China.
The old one is in the Joseon Art Museum.

Which activities do you enjoy?
Why don't you listen to yourself?
It was created by Pablo Picasso.65
He used not only old things but also his imagination.
It's important to play for the team.145
Michael was good enough for the senior team.
Have you seen this flower before?
This flower opens up in fine weather so that it can get lots of sunlight.141
I'm not a person who likes stretching exercises.153
You'd better follow the guidelines.
Do you know what your grandparents did for a living?
Here are some of the most interesting ones.
There are many fun activities to do.
You must be interested in Korean music.
He asked him to hammer a nail into the fence.113
There were a few nails that the boy could not pull out.

It was difficult for me to put up with her.
I share a room with my sister, who is two years older than me.
It was in Central America that corn was originally grown.
They thought popcorn a symbol of good health and goodwill.97
Many teens like to do what their favorite celebrities do.
The signs make them believe that it is the last chance to grab the cool products.
My friends thought I had gone off the deep end.
Working with other like-minded groups, we have distributed wheelchairs.105
Now you may be wondering how to find the sweet spot.
The less energy the bat loses, the more energy the ball gets.
Brooke said that she found genuine satisfaction.137
People often see animals suffering from plastic waste.
If you were my son, I would teach you.133
He was so old that he couldn't travel to Songdo.

다락원 강용순

1-1 I am Simon from Paris.
1-1 Let me introduce myself.
1-1 I enjoy baking cookies with Julian.69
1-2 I say goodbye to her.25
1-2 Toto puts his nose on the door.
1-2 How cute!
1-3 I visited Korea with my mom during the Easter holidays.42
1-3 There were many traditional Korean houses along the street.
1-3 Some Korean people wanted to take a picture with us.
1-4 Practice this game with your friends.
1-4 Say "Zip" to send that bolt of energy to the person on the right.
1-4 You want to know how to play it, don't you?
1-5 Many masters teach people capoeira outside of Brazil.93
1-5 My friends thought that the people were dancing.137
1-5 When I was a university student, I watched a music video in class.
1-6 An artist was explaining her artworks.
1-6 She was surrounded by many people.65
1-6 When you upcycle, you can use any used material.
1-7 You should say "Stop, stick!" to stop it.121
1-7 Unfortunately, the goat didn't make money at his home.
1-7 He said that the cloth didn't work.
1-8 They are the powers to see, hear, smell, taste, and touch.
1-8 If you hold your nose tight, you cannot taste the flavor well.133
1-8 However, you cannot tell the differences in taste without your sense of smell.

2-1 I watched a video clip a few weeks ago.
2-1 I will practice the guitar every day so that I can play some popular songs.141
2-1 This year, I want to take more pictures than I took last year.
2-2 She was just rolled into a ball and (she was) thrown onto a truck.125
2-2 "Mom! Apples!" She heard a boy shout.
2-2 She was happy to look down at lakes and ponds.121
2-3 Each team member brought some ingredients for it.
2-3 It was fun to work together.142
2-3 We moved around the school, looking for the items in the pictures.105
2-4 People in Mongolia move their houses after their cattle have eaten up the grass in the area.78
2-4 Though the fireplace is in the center of a ger, the smoke doesn't stay long inside the house.
2-4 The sod roof acts like a blanket and keeps the house warm.97
2-5 There's a woman who is knocking on windows with peas.153
2-5 Without saying hello, she looks at her pocket watch.86
2-5 Back then, clocks were too expensive for ordinary people to buy.
2-6 I asked him why he was crying.
2-6 But now, my life is much better.
2-6 It made a light turn on inside of me.
2-7 Today we're talking about how to pay for things.
2-7 I don't need to count the coins.109
2-7 A card is as good as cash.
2-8 But the chemical is not only harmful but also expensive.
2-8 Prepare two pots with plants. Place the natural mixture in one pot, and place the chemical in the other.
2-8 The natural mixture absorbed more water than the chemical did.
2-9 Nian used to visit a little village every year and scare the villagers.
2-9 And the villager was so scared that he dropped the heavy bucket in his hand.
2-9 AS they expected, Nian ran away.

3-1 Korea is the safest place I have ever been to.
3-1 Since Korean people are very kind and friendly to others, you don't need to worry about traveling alone in Korea.
3-1 Japchae will be what I miss the most about Korea.
3-2 A rich businessman asked me to pick one of your paintings.113
3-2 When Millet went into the living room, he found a familiar painting hanging on the wall.45

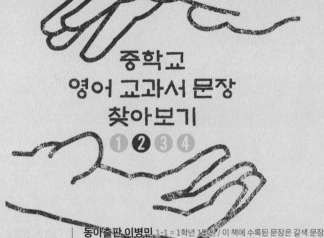

에필로그

중학교 영어 교과서 문장 찾아보기 ❶ ❷ ❸ ❹

3-2 Rousseau saw his friend whose eyes were full of tears.

3-3 Here are five interesting facts which you may not know about space food.157

3-3 Salt and pepper must be given in liquid form.

3-3 If astronauts shook salt and pepper powder over their food, the powder would get in their eyes, mouth, or nose.

3-4 I have shared a room with her since I was born.77

3-4 The money was not enough to support the family.45

3-4 The taller I have grown, the shorter she has become.

3-5 Leaf-cutter ants got their name because they do cut big leaves from trees.

3-5 While it seems that they are creating a massive salad bar inside, they are actually using the leaves for their fungus garden.

3-5 It means they had started farming long before humans did.

3-6 The schools are worth taking a look at before you make a decision.

3-6 Our performance in the audition will decide whether we will get a stunt job:

3-6 The mission of my school is to train young perfumers.

3-7 Dr. Jang Giryeo, who people called "a fool," devoted his life to being a true medical doctor.

3-7 From an early age, he decided to help the poor and weak as a doctor.

3-7 Dr. Jang found it uncomfortable to make money from poor patients.

3-8 Do you feel like trying it?

3-8 Here comes a sled that will take you on a tour of each!

3-8 Some think that the sport got its name because the early sled looks like a skeleton. But others think that the word "skeleton" comes from people incorrectly pronouncing the word "kjaelke."

3-9 It is also robots that explore dangerous areas instead of scientists.

3-9 I have my house cleaned by a robot.97

3-9 I wish I had them all.

동아출판 이병민 1-1 = 1학년 1단원 / 이 책에 수록된 문장은 갈색 문장

1-1 I am from Korea.

1-1 I like sports clubs.29

1-2 Sumin is walking to the bus stop.

1-2 Hold the phone at eye level.

1-2 What a beautiful day!

1-3 Horses can almost see behind their heads.

1-3 Which color can't a dog see, red or yellow?

1-4 Harry's family went on a camping trip.

1-4 I can see myself in the water.

1-5 The ball will not be here forever.70

1-5 My friends and I punched the ball a few times.

1-6 Rahul loved to sing.109

1-6 When Rahul was in middle school, he acted in a school play.129

1-7 Julie's father gave Mr. Leigh 40 dollars.93

1-7 You have to pay for the window.

1-8 I enjoy eating miyeokguk.

1-8 Samgyetang is much tastier than chicken.

2-1 Give the other person a chance to talk.

2-1 Change the topic, or your partner will fall asleep.

2-2 My father has been invisible since last night.77

2-2 We asked the doctor to help us.113

2-3 The Beatles were loved by many people.65

2-3 If you like today's idols, you will love the original idol.130

2-4 They are the people who take part in the 4 Deserts Race.150

2-4 The Atacama Desert is the driest desert in the world.

2-5 It is a lot of fun to throw colorful powder at everyone.

2-5 You can hear musicians playing beautiful live music.101

2-6 A year on Mars is about twice as long as a year on Earth.

2-6 Although there are many movies about Mars, no one has been there yet.

2-7 The movie is so boring that I want to cry.138

2-7 In the ad, "Best Picture" is the award which the movie won.157

2-8 Is there something wrong?

2-8 Could you tell me when this happened?

3-1 It was not easy for us to choose the best idea.145

3-1 We finally made what we wanted.

3-2 About a third of the bee population dies every year.

3-2 Honey from ancient Egypt can be eaten today.81

3-3 The project manager had us meet at 9 a.m.98

3-3 It as a better tomorrow that we painted.

3-4 The more Stanley dug, the stronger he became.

3-4 It couldn't be real gold since it was too light.

3-5 If I were a bird, I would fly.133

3-5 We didn't know how to read music.

3-6 The architect took the curved lines from nature so that city people could enj them.

3-6 It is round and delicate, yet strong enough to protect its contents.

3-7 This small fish whose favorite food is clams uses a tool to open them.

3-7 Humpback whales stand on their tails while they sleep.126

3-8 Reading the article, he dropped his cup in surprise.

3-8 The article said Alfred Nobel had died in France from a heart attack.

164

동사의 유형별
불규칙 변형

마이클리시 책
공부 순서

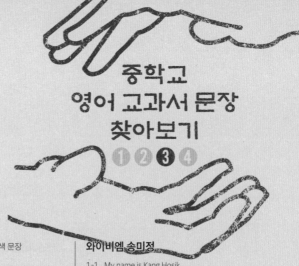

중학교
영어 교과서 문장
찾아보기 ①②❸④

에필로그

동사의 유형별 불규칙 변형

마이클리시 책 공부 순서

학교 영어 교과서 핵심 문장이 아닌 수록 문장

A-B-C	과거	과거분사	뜻
am, is	was	been	상태이다
are	were	been	상태이다
do, does	did	done	(행동)한다
fly	flew	flown	날다
see	saw	seen	봐서 알다
begin	began	begun	시작하다
drink	drank	drunk	마시다
ring	rang	rung	울리다
shrink	shrank	shrunk	줄어들다
sing	sang	sung	노래하다
sink	sank	sunk	가라앉다
swim	swam	swum	수영하다

A-A-A 끝 철자가t

	과거	과거분사	뜻
bet	bet	bet	걸다
broadcast	broadcast	broadcast	방송하다
burst	burst	burst	폭발하다
cost	cost	cost	비용이 들다
cut	cut	cut	자르다
fit	fit	fit	딱 맞다
hit	hit	hit	치다
hurt	hurt	hurt	다치게 하다
let	let	let	허락하다
put	put	put	놓다
quit	quit	quit	그만두다
set	set	set	놓다
shut	shut	shut	닫다

A-B-A+n

	과거	과거분사	뜻
bid	bade	bidden	입찰하다
blow	blew	blown	불다
draw	drew	drawn	끌다, 그리다
drive	drove	driven	운전하다

원형(현재)	과거	과거분사	뜻
eat	ate	eaten	먹다
fall	fell	fallen	떨어지다
forbid	forbade	forbidden	금지하다
forgive	forgave	forgiven	용서하다
give	gave	given	주다
go	went	gone	가다
grow	grew	grown	자라다
know	knew	known	알다
ride	rode	ridden	(탈것을) 타다
rise	rose	risen	솟아오르다
sew	sewed	sewed/sewn	꿰매다
shake	shook	shaken	흔들다
show	showed	shown	보여 주다
take	took	taken	가져가다
throw	threw	thrown	던지다
write	wrote	written	글씨를 쓰다

A-B-B+n

	과거	과거분사	뜻
bear	bore	born/borne	낳다
beat	beat	beaten	치다
bite	bit	bitten	물다
break	broke	broken	부수다
choose	chose	chosen	고르다
forget	forgot	forgot(ten)	잊다
freeze	froze	frozen	얼리다
get	got	got/gotten	(없던 것이) 생기
hide	hid	hidden	숨기다
lie	lay	lain	눕다
speak	spoke	spoken	말하다
steal	stole	stolen	훔치다
swear	swore	sworn	맹세하다
tear	tore	torn	찢다
wake	woke	woken	(잠을) 깨우
wear	wore	worn	입다

동사의 유형별
불규칙 변형

마이클리시 책
공부 순서

무료강의

A-B-A	과거	과거분사	뜻
become	became	become	되다
come	came	come	오다
run	ran	run	달리다

A-B-B 자음, 모음 변화

bring	brought	brought	가져오다
buy	bought	bought	사다
catch	caught	caught	붙잡다
fight	fought	fought	싸우다
seek	sought	sought	찾다
teach	taught	taught	가르치다
think	thought	thought	생각하다
creep	crept	crept	기다
feel	felt	felt	느끼다
keep	kept	kept	유지하다
kneel	knelt/ kneeled	knelt/ kneeled	무릎 꿇다
sleep	slept	slept	자다
sweep	swept	swept	쓸다
weep	wept	wept	(흐느껴) 울다
leave	left	left	(남기고) 떠나다
lose	lost	lost	잃다, 지다
sell	sold	sold	팔다
tell	told	told	말하다

A-B-B 자음 변화

bend	bent	bent	구부리다
build	built	built	짓다
burn	burnt/burned	burnt/burned	태우다
deal	dealt/dealed	dealt/dealed	다루다
mean	meant	meant	의미하다
send	sent	sent	보내다
spend	spent	spent	소비하다

원형(현재)	과거	과거분사	뜻
have, has	had	had	가지다
hear	heard	heard	듣다
lay	laid	laid	눕히다
pay	paid	paid	지불하다
say	said	said	말하다
make	made	made	만들다

A-B-B 모음 변화

bind	bound	bound	묶다
find	found	found	찾다
dig	dug	dug	파다
hang	hung	hung	걸다
stick	stuck	stuck	붙다
sting	stung	stung	찌르다
strike	struck	struck	치다
swing	swung	swung	흔들리다
win	won	won	이기다
feed	fed	fed	먹이다
hold	held	held	붙잡고 있다
lead	led	led	이끌다
meet	met	met	만나다
read	read	read	읽다
shine	shone	shone	빛나다
shoot	shot	shot	쏘다
sit	sat	sat	앉다
slide	slid	slid	미끄러지다
spit	spit/spat	spit/spat	침 뱉다
stand	stood	stood	일어서다
understand	understood	understood	이해하다

171

수준 **입문** 영어를 읽기 어려운 수준

초급 초등학생 ~ 중학생 수준

말하기 · 쓰기

아빠표 영어 구구단
영상 강의 포함

8시간에 끝내는
기초영어 미드천사
<왕초보 패턴>
음성 강의 포함

8시간에 끝내는
기초영어 미드천사
<기초회화 패턴>
음성 강의 포함

유레카 팝송
영어회화 200
영상 강의 포함

8문장으로 끝내는
유럽여행 영어회화
음성 강의 포함

단단 기초
영어공부 혼자하기
영상 강의 포함

6시간에 끝내는
생활영어 회화천사
<5형식/준동사>
음성 강의 포함

6시간에 끝내
생활영어 회화천
<전치사/접속
조동사/의문둔
음성 강의 포함

읽기

TOP10 영어공부
음성 강의 포함

2시간에 끝내는
한글영어 발음천사
영상 강의 포함
음성 강의 포함

중학영어 독해비급
영상 강의 포함

챗GPT 영어명언
필사 200

동사의 유형별
불규칙 변형

마이클리시 책
공부 순서

중급 중학생 ~ 고등학생 수준

고급 대학생 ~ 영어 전공자 수준

4시간에 끝내는
영화영작
<기본패턴>

4시간에 끝내는
영화영작
<응용패턴>

4시간에 끝내는
영화영작
<완성패턴>

모든 책에 책의 본문 전체를 읽어주는
'원어민MP3'를 담았기에,
말하기/듣기 훈련이 가능합니다.

대부분의 책에 '무료 음성 강의'나
'무료 영상 강의'를 포함하기에,
혼자서도 익힐 수 있습니다.

한 번에 여러 권을 사지 마시고,
한 권을 반복해서 2번~5번 익힌 뒤에,
다음 책을 사는 것을 추천합니다.

영어명언
만년 다이어리

이상한 나라의 앨리스
영화 영어공부
공부법 영상 강의 포함

30분에 끝내는
영어 필기체

TOP10 연설문
음성강의 포함

고등영어
독해비급

수능영어
독해비급

잠언 영어성경

토익파트7
독해비급

TOP10
영한대역 단편소설

기적 같은 일(출간)이 또 일어나게 도와주신 여호와께, 예수께 감사합니다.
네 하나님 여호와가 너의 하는 모든 일에 네게 복을 주고 네가 이 큰 광야에 두루 행함을 알고 네 하나님 여호와가 이 사십년 동안을 너와 함께 하였으므로 네게 부족함이 없었느니라 하셨다 하라 하시기로 (신명기 2:7)
악인이 의인을 엿보아 살해할 기회를 찾으나 여호와는 저를 그 손에 버려두지 아니하시고 재판 때에도 정죄치 아니하시리로다 여호와를 바라고 그 도를 지키라 그리하면 너를 들어 땅을 차지하게 하실 것이라 악인이 끊어질 때에 네가 목도하리로다 (시편 37:32~34)

집필할 수 있도록 도와준 박혜진께 감사합니다.

책을 다듬는 데에 도움을 준 어머니(김행자)와 딸(황루나)에게 감사합니다.

멋진 그림을 그려주신 김태형 작가(kuzak@naver.com)님께 감사합니다.

이미지 작업을 도와주신 안혜령 선생님(bluesky9731@naver.com)께 감사합니다.

본문의 단어와 문장을 녹음해 주신 Daniel Neiman께 감사합니다.

책의 컨셉에 영감을 준 무협지와 무협 만화 작가들, 격투가들께 감사합니다.

영어와 디자인을 가르쳐 주신 선생님들(강수정, 권순택, 김경환, 김태형, 문영미, 박태현, 안광욱, 안지미)께 감사합니다.

책을 제작 해주신 천일문화사 윤상영 대표님(010-3712-7099), 보관/배송해주시는 런닝북 윤한식(01052409885) 대표님께 감사합니다.

이 책을 소개·판매해 주시는 교보문고(허영진, 진기쁨), 랭스토어(김선희), 리디북스, 북센(송희수), 북채널(김동규), 북파트(홍정일), 세원출판유통(강석도), 알라딘(김영민), 영풍문고(박지해, 이명순, 임두근), 인터파크(김하연), 한성서적(문재강), YES24(박정윤) 그리고 오프라인의 모든 MD분들께 감사합니다.

판매에 도움을 주시는 유튜브 관계자분들, 네이버 카페, 블로그, 사전 관계자분들, 블로거분들, 잡지사 관계자분들, 신문사 관계자분들, 팟빵 관계자분들께 감사합니다.

꾸준히 마이클리시 책을 구매해주시고, 응원해 주시는 독자분들께 진심으로 감사합니다.
즐겁게 영어 공부하실 수 있도록 열심히 집필하고 무료 강의 올리겠습니다.
궁금하신 점은 010-4718-1329, iminia@naver.com 으로 연락 주세요.

중학영어 독해비급

1판 1쇄	2022년 11월 14일
1판 2쇄	2023년 12월 14일

지은이	Mike Hwang

발행처	Miklish
전화	010-4718-1329
홈페이지	miklish.com
e-mail	iminia@naver.com
ISBN	979-11-87158-39-4